Ulrich Haag
Das Mosaik des Reiches Gottes

Ulrich Haag

Das Mosaik des Reiches Gottes

Neue Gemeindegottesdienste mit Symbolen

Patmos Verlag Düsseldorf

Für Karolina

Die Deutsche Bibliothek – CIP-Einheitsaufnahme

Haag, Ulrich:
Das Mosaik des Reiches Gottes : neue Gemeindegottesdienste
mit Symbolen / Ulrich Haag. – Düsseldorf: Patmos-Verl., 2000
ISBN 3-491-76433-5

1. Auflage 2000
Umschlagbild und Innenillustrationen: Rüdiger Pfeffer
Schriftsatz, Notensatz und Reproduktion: Kontrapunkt Satzstudio Bautzen
Druck und Bindung: Grafo SA., Spanien
ISBN 3-491-76433-5

Inhalt

Ein Symbol?
Zur Einführung

Durch Zufall kam ein Mann noch zu Lebzeiten in den Himmel. Als er vor dem Angesicht des Höchsten stand, nutzte er die Gelegenheit, um etwas loszuwerden, was ihn schon lange beschäftigte:
„Herr, allen Menschen auf der Welt bürdest du das Maß an Leid auf, das ihnen zukommt. Jeder hat sein Kreuz zu tragen. Nur mir hast du es besonders schwer gemacht. Das Kreuz, das ich zu tragen habe, ist größer als alle anderen!"
Da führte ihn Gott in einen großen Saal. In langen Reihen standen dort Kreuze an der Wand – große und kleine, grob gezimmert und fein geschnitzt, aus kernigem Holz oder leichter Rinde. „Hier", sagte Gott, „wenn du unzufrieden bist, so such' dir selbst eines aus."
Gleich ging der Mann auf ein handliches kleines Kreuz zu. Doch als er es aufnahm, spürte er, daß es aus kaltem Stein gemeißelt war. Auch wollte es nicht recht auf seinen Rücken passen. Es war zu klein, rutschte mal hierhin und mal dorthin. Er mußte sich gewaltig krümmen, um es zwischen seinen Schulterblättern zu balancieren. Er legte es beiseite und probierte ein anderes. Doch keines wollte ihm das rechte sein. Das eine war zu lang und zwang ihn in die Knie, bei einem anderen drückte der Querbalken auf sein Rückgrat, beim nächsten plagten ihn die groben Späne, die aus dem Holz ragten, wieder ein anderes schlug ihm beim Gehen ständig in die Fersen. Fast schon hatte er die Suche aufgegeben, da stieß er auf ein Kreuz, das ihm geeignet erschien. Es war nicht zu groß und nicht zu klein. Schwer war es, aber nicht so schwer, daß er es nicht hätte tragen können. Und es lag gut auf seinem Rücken.
„Dieses hier", sagte er triumphierend und trat vor den himmlischen Thron. „Dieses Kreuz und kein anderes möchte ich in Zukunft tragen."
„Schau nur genau hin", sagte Gott mit einem Lächeln. „Es ist dein Kreuz. Das gleiche, das du auch bisher schon getragen hast."

Im Mittelpunkt dieser Geschichte steht das christliche Symbol schlechthin: das Kreuz. Es steht hier als Synonym für die Summe allen in einer Biographie versammelten Leides. Das ist bei weitem nicht die einzige Bedeutung, die man dem Kreuz beimessen kann. In anderen Zusammenhängen

kann der gleiche Begriff etwas Grundverschiedenes, das gleiche Symbol etwas geradezu Gegensätzliches signalisieren: Auf einem Verbandskasten steht es für Heilung, oder zumindest für die Verminderung von Leid. Auf manchem Soldatenfriedhof steht es noch immer für die Verherrlichung unnötigen Leides. Aus Eisen gestanzt und in einschlägiger Ausformung kann es den Krieg verherrlichen. An anderer Stelle ist es das Symbol des Friedens. Die Deutungsvarianten sind ungezählt. Ebenso weitgespannt und gegensätzlich sind die lebenspraktischen Schlußfolgerungen derer, die das Kreuz für sich in Anspruch nehmen: Die einen ziehen sich bekreuzigend in die Schlacht, die anderen verweigern unter Berufung auf den Gekreuzigten den Dienst mit der Waffe.
Kein Symbol, noch nicht einmal das Kreuz, spricht für sich selbst. Eindeutig wird ein Symbol erst durch seinen Kontext: durch Worte, die es erklären, durch Gegenstände, die es umgeben. Das entscheidende Detail der folgenden Entwürfe bilden wie auch im ersten Band symbolische Gegenstände, die greifbaren Anteil an dem geben möchten, worum der Gottesdienst kreist. Um verständlich zu bleiben und nicht in inhaltliche Beliebigkeit abzugleiten, legen die Formulierungen der liturgischen Stücke Wert darauf, die eingesetzten Symbole möglichst präzise zu interpretieren.

„Was Sie da im Gottesdienst benutzen, sind keine wirklichen Symbole!", monierte ein belesener und liturgisch interessierter Kollege nach der Lektüre des ersten Bandes. Er empfahl mir, den Symbolbegriff zu durchdenken und verwies auf Paul Tillich, der diesen für die protestantische Theologie wiederentdeckt und entscheidend geprägt habe.
In der Tat faßt Paul Tillich den Symbolbegriff eng. „Wahres Symbol" sei nur, was an der Mächtigkeit des Göttlichen partizipiert, auf das es hindeutet"[1]. Symbole sind für ihn Bestandteil der Kommunikation zwischen Gott und Mensch. Wenn sich ein transzendentes Wesen dieser immanent-irdischen Welt mitteilen will, dann muß es sich, um von uns überhaupt wahrgenommen zu werden, diesseitiger Gegenstände, Sachverhalte, Ereignisse, Begriffe oder Personen bedienen. In dem Augenblick, in dem das Transzendente durch sie spricht, erhalten sie einen Sinn, der über ihre ursprüngliche Bedeutung weit hinausgreift: Sie werden zu Symbolen. Tillich unterscheidet zwischen *primären* Symbolen – er führt als Beispiel Begriffe (Gerechtigkeit Gottes, Liebe Gottes) sowie heilige Personen (Buddha, Jesus) an – und *sekundären* Symbolen, gemeint sind Gebärden oder Gegenstände des religiösen Lebens (das Kreuz, das Sich-Bekreuzigen). Menschliche Aussagen über Gott können sich solcher Symbole zwar bedienen, ihren transzendenten Sinngehalt aber nie komplett erfassen.

Ein Stück fehlerhafter Stoff, eine Tonscherbe, ein Räucherstäbchen – die Alltagsdinge, die in den folgenden Entwürfen Verwendung finden, genügen den Anforderungen, die Tillich an Symbole stellt, nicht. Theologisch streng genommen, kann man sie also nicht als solche bezeichnen. Und doch möchten die vorgestellten Gottesdienste die Möglichkeit eröffnen, daß diese Gegenstände zum Symbol *werden*. Sie werden den Teilnehmerinnen und Teilnehmern in die Hand gelegt in der Hoffnung, daß Gott sich auch und gerade profaner Dinge bedient, um sich den Menschen mitzuteilen.
Ob das geschieht, bleibt offen. Eine Papiermaske, eine Geldmünze, ein Fahrradbirnchen: Daß einer dieser Gegenstände zum Symbol wird, läßt sich nicht planen oder inszenieren. Daher verzichten die abgedruckten Gottesdienste im Wortlaut konsequent auf die Vokabel *Symbol*. Die Gegenstände werden eingeführt als „Zeichen" oder in ihrer Funktion beschrieben („zum Meditieren und Mitnehmen"; „um diese Zusage Gottes deutlich zu machen ..." o. a.). Lediglich in den Anmerkungen zu Planung, Vorbereitung und Verlauf taucht „Symbol" als umgangssprachlicher Sammelbegriff auf.

Ulrich Haag

1 Paul Tillich, Systematische Theologie Band I, Berlin/New York, 8. Auflage 1987, S. 277.

Aufruhr in der Plätzchendose

Familiengottesdienst zum Advent

Symbol: Plätzchen

Anmerkungen zu Vorbereitung, Planung und Verlauf

Das **Symbol** dieses Gottesdienstes sind **Plätzchen**, die aus einer großen Blechdose an alle Besucherinnen und Besucher verteilt werden. Natürlich sollten es selbstgebackene Plätzchen sein. Sicher ist in der Gemeinde der eine oder andere Kreis bereit, für das Ereignis zu backen.
Da viele Familien in der Adventszeit nur noch einen einzigen Gottesdienst besuchen, sind im folgenden Entwurf die populärsten Lieder versammelt. Man kann sie ohne inhaltliche Einbußen durch andere ersetzen.

Verlaufsplan

Klärungen
Begrüßung
Lied: Wir sagen euch an den lieben Advent (EG 17)
Erzählt: Aufruhr in der Plätzchendose
Kanon: Nun sei uns willkommen (EG 22)
Nachgefragt: Und was erwarten Sie von Ihm?

Rede und Antwort
Gebetet: Benedictus (EG 768)
Biblische Lesung: Jesu Einzug nach Jerusalem (Matthäus 21,1–9)
Lied: Macht hoch die Tür (EG 1)
Zwischenruf: Hosianna und kreuzige

Teilhabe und Gemeinschaft
Zum Meditieren und Mitnehmen: Plätzchen verteilen
Kanon: Nun sei uns willkommen ... (EG 22)
Nachgedacht: Erwartungen loslassen?
Lied: Tochter Zion (EG 13)

Zurück in den Alltag
Fürbittgebet
Vaterunser
Segen

Erzählt: Aufruhr in der Plätzchendose

In Omas Plätzchendose gibt es dieses Jahr Tumult, und das knapp zwei Wochen vor Weihnachten.
„Ich habe es genau gehört", ruft der Haselnußtaler. „Von einem Fest hat das Mädchen geredet. Einem großen Fest mit vielen Geschenken!"
„Das ist sicher das Mädchen, das beim Backen dabei war", sagt das Spritzgebäck. „Es heißt Sophie."
„Wißt Ihr denn auch, was das für ein Fest ist, auf das sich die Kleine so freut?"
„Es heißt sicher Geschenkfest", sagt die Kokosmakrone.
„Nein, es ist das Plätzchenfest", rufen die Krachkuchen.
„Unsinn, es heißt Freudenfest."
„Das Winterfest. Das Plätzchenmädchengeschenkefest", rufen alle durcheinander.

Da öffnet sich die Dose, und ein Kindergesicht schaut durch den runden Ausschnitt.
„Darf ich sie mir noch einmal ansehen, Oma?"
„Das ist sie. Das ist Sophie", flüstert das Spritzgebäck.
„Aber keins stibitzen", sagt die Großmutter. „Die sind alle für Weihnachten."

„Wir haben es ja gleich gesagt", rufen die Krachkuchen, nachdem Sophie die Dose wieder verschlossen hat. „Es ist das Plätzchentellergeschenkfest."
„Aber die Großmutter hat etwas von Weihnachten gesagt", gibt die Kokosmakrone zu bedenken. „Ich würde sagen, es heißt Weihnachtsfest oder so ähnlich."
„Was es wohl mit dem Weihnachtsfest auf sich hat?"
„Auf jeden Fall gibt es Plätzchen!" rufen die Springerle.
„Seid still", sagen die vornehmen Landauer Schnitten. „Seid still und wartet, daß ihr gegessen werdet. Das ist die Hauptbestimmung von uns Plätzchen. Alles andere ist unwichtig."

Was hat es wohl auf sich mit dem Weihnachtsfest? Den Plätzchen läßt die Frage keine Ruhe.
Und sieh da, eine Weile später wird die Dose wieder aufgemacht.
Es ist der Großvater. Er schaut sich um, ob ihn auch niemand beobachtet.
Dann kramt er in der Dose nach seinen Lieblings-Eierplätzchen.
„Nehm ich den Stern, der leuchtet so fern?"
Er brummt ein Lied.

„Nehm ich den Ochs? Nehm ich das Rind?
Den Weihnachtsmann, der mir Geschenke bringt?
Auf jeden Fall noch nicht das Kind.
Das muß bis Weihnachten halten."
Er summt und brummt, fischt ein Plätzchen aus der Dose.
„Das Herz, das Herz."
Er schaut sich um, dann läßt er es in seinem Mund verschwinden.

„Das Eierplätzchenherz hat es gut. Es ist schon gegessen worden", sagen die Landauer Schnitten. „Eigentlich hätten wir die ersten sein müssen, denn wir sind die leckersten."
Sie halten sich für etwas Besonderes. Und wer schon einmal Landauer Schnitten gegessen hat, der weiß, daß sie es auch sind.

„Warum haben wir eigentlich so unterschiedliche Formen", fragen die Eierplätzchen. „Ob das auch mit dem Fest zu tun hat?"
„Dann geht es bei dem Fest sicher um Liebe. Wegen dem Herz", vermuten die Haselnußtaler.
„Genau", rufen die Fingerkolatschen. „Und ein Stern kommt vor. Ein heller Stern am dunklen Himmel."
„Und Ochs und Esel. Und der Weihnachtsmann."
„Aber das Wichtigste ist wohl das Kind", sagt die Kokosmakrone. „Der Großvater hat gesagt, es muß bis Weihnachten halten. Ohne Kind keine Weihnacht."
„Das stimmt", meinen die anderen.
„Gibt es denn hier ein Plätzchen, das wie ein Kind aussieht?"
„Ja, ich", sagt der Butterspekulatius. „Ich wundere mich schon die ganze Zeit über das Muster auf meinem Bauch."
„Zeig dich mal, Spekulatius!"
„Tatsächlich", sagen die Krachkuchen. „Ein klitzekleines Kind in einer Holzschüssel. Und ein Mann und eine Frau daneben."
„Ob die beiden das Kind gebacken haben?" fragen die Springerle.
Es sind eben Plätzchen und sie können es sich nicht anders vorstellen.
„Wir wissen es nicht genau", sagen die Landauer Schnitten. „Jetzt seid still. Es kann nicht mehr lange dauern, dann beginnt das Fest. Dann holt die Großmutter die Dose und legt uns auf den Teller. Dort können wir alles sehen."
„Solange müssen wir noch warten?" fragen die Haselnußtaler.
„Solange müssen wir noch warten", sagen die Landauer Schnitten. „Die Zeit vor dem Fest heißt Advent und ist die Zeit des Fragens und Wartens."
„Habt nur Geduld", sagt die Kokosmakrone. „Bald ist es soweit."

Nachgefragt: Und was erwarten Sie von Ihm?

Advent. Zeit des Fragens. Zeit des Wartens.
Zeit des Wartens auf Jesus, von dem wir hoffen, daß er in nicht allzuferner Zeit kommt und das Reich Gottes aufrichtet. Dann wird alles anders. Dann wird alles neu.
Wenn er kommt, ist das schöner als Weihnachten. Wenn er kommt, dann bringt er mehr als Geschenke. Er ist der Sohn Gottes. Er ist der Heilskönig für alle Welt.

„Vor kurzem bin ich ihm begegnet", sagt ein Mönch zum anderen.
„Und was hast du zu ihm gesagt?"
„Nichts. Ich habe vor Staunen und Schreck kein Wort über die Lippen gebracht."
„Du hast ihn gehen lassen? Bist du von Sinnen? Du hättest ihn beim Mantelsaum fassen und ihn bestürmen sollen, daß er endlich für rechtschaffene Fürsten und Bischöfe sorgt, für Brot in Fülle, für Frieden und Wohlgefallen und daß die Geißel des Todes von den Menschen genommen wird und ..."
Und?

Was erwarte *ich* vom wiederkommenden Heilskönig.
Um was würden Sie ihn bitten, wenn er Ihnen begegnete? Was wäre Ihr Hauptanliegen?
Was muß Jesus ändern, wenn er kommt?
(Die Frage richtet sich an die Teilnehmerinnen und Teilnehmer. Von ihnen werden in der Art eines Interviews Antworten eingeholt.)

Biblische Lesung: Jesu Einzug nach Jerusalem (Matthäus 21,1–9)

Sie kamen in die Nähe von Jerusalem nach Betfage an den Ölberg. Da sandte Jesus zwei Jünger voraus: Geht in das Dorf, das vor uns liegt. Wenn ihr dorthin kommt, werdet ihr eine Eselin finden, die angebunden steht. Bei ihr steht ein Füllen. Bindet die Eselin los und führt beide zu mir! Wenn euch der Besitzer zur Rede stellt, so antwortet ihm: Der Herr braucht sie. Er wird sie euch überlassen.
So sollte erfüllt werden, was im Buch des Propheten Sacharja geschrieben steht. Er hat einst geweissagt: Tochter Zion, dein König kommt zu dir. Er ist sanftmütig und reitet auf einem Esel und auf einem Füllen, dem Jungen des Lasttiers.

Die Jünger gingen ins Dorf und machten es so, wie Jesus befohlen hatte. Sie brachten die Eselin und das Füllen zu ihm. Dann legten sie ihr Kleider auf, und Jesus setzte sich darauf und ritt nach Jerusalem ein.
Eine große Menge begrüßte sie. Die Menschen breiteten Kleider auf den Weg; andere hieben Zweige von den Bäumen und streuten sie auf das Pflaster. Die Menge aber, die ihm voranging und nachfolgte, schrie: Hosianna dem Sohn Davids! Gelobt sei, der da kommt in dem Namen des Herrn! Hosianna in der Höhe!

Zwischenruf: Hosianna und kreuzige

Hosianna – nur ein Wort.
Doch mit ihm verbindet sich eine Fülle von Erwartungen, die über Jesus zusammenschlagen, dem kommenden Heilskönig, der da nach Jerusalem einzieht.
Hosianna. Du bist es, der uns von der Kriegsherrschaft befreit.
Hosianna. Du bist es, der für Gerechtigkeit sorgt.
Hosianna. Du bist der Wundermann, der meine schwere Krankheit heilt.
Hosianna. Du bist es, der meinen Kindern Brot gibt und sorgt, daß die Armen ein auskommen haben.
Hosianna. Ein Wort von dir bringt mein verpfuschtes Leben in Ordnung.
Hosianna. Du richtest deine Herrschaft auf unter den Völkern, so daß sie in Frieden leben.
Hosianna, du bist der, den Gott schickt.
Hosianna, gelobt sei, der da kommt im Namen des ewigen Gottes.

Die Menschen jubeln und schwenken Kleider und Palmzweige wie Transparente. Und es ist, als ob auf jedem eine neue Hosianna-Parole geschrieben steht. Wie ist es Jesus wohl zumute gewesen angesichts der Hoffnungen, die sich auf ihn richteten? Fast scheint es, er sackt unter jedem Jubelruf ein wenig mehr zusammen. Auch der Esel spürt die Last, die er plötzlich zu tragen hat, und bekommt zittrige Knie. So reiten sie durch das Tor in die Stadt Jerusalem.
Jesus hat wohl gewußt, daß er die unzähligen Erwartungen nicht erfüllen kann. Kaum einen Tag später schlägt die Begeisterung in Enttäuschung um. Dann rufen die Leute nicht mehr Hosianna, sondern „kreuzige ihn“. Vielleicht waren es die übersteigerten Erwartungen der Menschen und die umso größere Enttäuschung, die Jesus am Ende ans Kreuz gebracht haben.

Was hat das mit der Plätzchendose zu tun?
Greifen Sie einmal hinein, wenn sie jetzt durch die Reihen geht. Doch greifen Sie hinein, ohne hineinzu*sehen*. Prüfen Sie Ihre Erwartungen. Fischen Sie ein Stück heraus. Wenn Sie möchten, probieren Sie davon. Wenn die Dose wieder zurück ist, sehen wir weiter.

Zum Meditieren und Mitnehmen: Verteilen der Plätzchen

(Die Plätzchen werden von Kindern oder Jugendlichen in den Reihen verteilt.)

Nachgedacht: Erwartungen loslassen?

Manche haben vielleicht gedacht, naja, nachdem sie in die Dose gegriffen haben. Einige Plätzchen waren nämlich etwas zu lange im Ofen. Andere sind mit ihrem Griff zufrieden gewesen.
Erwartungen haben sich erfüllt.
Erwartungen haben sich nicht erfüllt.
Es ist eine einsichtige Rechnung, daß diejenigen, die mit ihren Erwartungen bescheiden bleiben, am Ende auch am wenigsten enttäuscht werden. Je größer die Vorfreude, desto größer die Ernüchterung, wenn etwas nicht klappt. Mir selbst passiert es häufig, daß ich aus Angst vor einer Enttäuschung mit meinen Erwartungen zurückstecke. Ich bleibe mit beiden Beinen auf der Erde. Ich bleibe realistisch.
Eigentlich schade.
Denn wir brauchen viel mehr Utopie.
Viel mehr unrealistische Erwartungen.
Erst, wenn unsere Hoffnung über die vorfindliche Wirklichkeit hinausgreift, setzt sie in uns die Kraft zur Veränderung frei. Daran will uns Gott in der Adventszeit erinnern: Daß wir mit unseren Erwartungen – zumindest mit den Erwartungen Gott gegenüber – unrealistisch und unbescheiden sein dürfen, ja sein sollen. Der Straßburger Reformator Bucer hat es in einer seiner Adventspredigten sinngemäß einmal so gesagt: Auf ihn setze all Deine Hoffnung und scheue Dich nicht, von ihm alles zu erwarten, das Größte, das Schönste, das Vornehmste und Erhabenste, doch auch das Kleinste und Einfachste. Denn durch seine Hand ist alles geworden, und auch das, was kommt, wird er wohl machen.

Unbescheidene Hoffnungen wecken den Wunsch und die Kraft, etwas zu verändern. Vielleicht können wir dazu beitragen, daß in der Welt, in der unsere Kinder aufwachsen, schon heute das kommende Reich Gottes Gestalt gewinnt.

Fürbittgebet

Herr unser Gott –
In der Adventszeit warten wir auf Dein Kommen.
Und wir wollen dazu beitragen, daß Dein zukünftiges Reich
schon heute in unserer gegenwärtigen Welt Gestalt gewinnt.
Daher kommen wir zu Dir und bitten:
Herr, erhöre uns.

Wir bitten Dich für die Menschen, die hungern.
Zeige uns, wo wir teilen können. Hilf uns, daß wir es auch tun.
Damit die kommende Welt, in der alle satt werden, schon heute beginnt.
Wir kommen zu Dir und bitten:
Herr, erhöre uns.

Wir bitten Dich für die Menschen, die verfolgt oder unterdrückt werden. Gib uns Gelegenheit, uns für sie einzusetzen. Damit die kommende Welt, in der alle ein Zuhause haben, schon heute beginnt.
Wir kommen zu Dir und bitten:
Herr, erhöre uns.

Wir bitten Dich für die Menschen, die einsam sind. Zeige uns, wo wir uns Zeit nehmen können – und sei es auch nur für einen von ihnen. Damit die kommende Welt, in der alle Erdenbewohner Geschwister sind, schon heute beginnt.
Wir kommen zu Dir und bitten:
Herr, erhöre uns.

Wir bitten Dich für die Menschen, die krank oder in Not sind. Gib uns das Stehvermögen, Leid miteinander zu teilen. Damit die kommende Welt, in der alles Leid überwunden ist, schon heute beginnt.
Wir kommen zu Dir und bitten:
Herr, erhöre uns.

Wir bitten Dich für alle, die sich freuen und glücklich sind. Daß ihre Freude Bestand hat und wir die Leichtigkeit haben, mit ihnen zu feiern. Damit die kommende Welt, in der unser Leben ein Fest ist, schon heute beginnt.
Wir kommen zu Dir und bitten:
Herr, erhöre uns.

Der Duft der Heiligen Nacht

Familiengottesdienst am Heiligen Abend

Symbol: Räucherstäbchen

Anmerkungen zu Planung, Vorbereitung und Verlauf

Was wäre ein Heiligabend-Gottesdienst ohne Krippenspiel? Allerdings lassen sich die akustischen Anforderungen einer vollbesetzten Kirche nicht immer mit den schauspielerischen Fähigkeiten der Akteure in Einklang bringen. Die Aufführung einer Sprechmotette macht vieles einfacher: Man kann den Sprecherinnen und Sprechern ein Mikrofon zur Verfügung stellen; der Altarraum bietet in der Regel Platz genug; zur Beleuchtung reicht der Diaprojektor, in den man ein Dia aus möglichst dünnem, farbigem Transparentpapier einlegt.

Allerdings hat eine Sprechmotette etwas Statisches und stellt die Geduld der Kinder auf die Probe. Das folgende Sprechstück enthält daher einige simple darstellerische Elemente, die die anwesenden Kinder im Gottesdienst übernehmen können: Aufgeteilt in drei Gruppen – Bienen, Pinguine und Bären –, ziehen sie auf einem Weg durch die Kirche zur einfach hergerichteten Krippe im Altarraum und singen dem Neugeborenen ihr Lied.

Danach erhalten sie von Maria als Abschiedsgeschenk ein **Räucherstäbchen**. Die Räucherstäbchen haben in diesem Entwurf weniger den Charakter eines **Symbols**. Sie werden nicht weiter gedeutet. Sie sind eher als Geschenk zu verstehen, das man später entzünden kann, und das damit eine Brücke zwischen der Feier in der Kirche und der Feier zu Hause schlägt.

Wenn man möchte, kann man schon vor Beginn in der Kirche Räucherstäbchen abbrennen. Es ist für alle ein besonderes Erlebnis, einen duft- und rauchgeschwängerten Gottesdienstraum zu betreten.

Die Einteilung der Kinder erfolgt am einfachsten per Liedblatt: Die Kinder finden dort jeweils das Tier abgedruckt, mit dessen Gruppe sie später zur Krippe ziehen (vgl. die Zeichnungen im laufenden Text). Möglich ist auch, den Kindern zur Begrüßung entsprechende Papiermasken überzustreifen. Wenn am Eingang jemand erklärt, was es mit Biene, Bär und Pinguin auf sich hat, gibt es während des Krippenspiels keine Unklarheiten.

Das Sprechstück umfaßt fünf Rollen, die man bei Bedarf weiter aufteilen, zur Not auch reduzieren kann. Die Liedvorschläge EG 16; 545; 57 sind inhaltlich auf den Zusammenhang abgestimmt. Alle weiteren kann man je nach theologischer Ausrichtung und Gemeindetradition ersetzen.

Verlaufsplan

Klärungen
Orgel
Bilanz: Das Fest verbraucht, bevor es eigentlich begann
Lied: Die Nacht ist vorgedrungen (EG 16)
Im Wechsel gebetet: Psalm 96 (EG 741)
Gebet

Rede und Antwort
Lied: Stern über Bethlehem (EG 546,1–3)
Die Weihnachtsgeschichte Teil 1 (Lk. 2,1–7)
Lied: Vom Himmel hoch (EG 24,1–3.6)
Die Weihnachtsgeschichte Teil 2 (Lk. 2,8–14)
Lied: Hört der Engel helle Lieder (EG 54)
Die Weihnachtsgeschichte Teil 3 (Lk. 2,15–20)
Lied: Stille Nacht (EG 46)

Teilhabe und Gemeinschaft
Der Duft der heiligen Nacht: Eine Sprechmotette zum spontanen Mitmachen
Lied: Es ist für uns eine Zeit angekommen (EG 545; vgl. alternativer Textvorschlag)

Zurück in den Alltag
Zwischenruf: Das Jesuskind und die anderen Kinder
Lied: Uns wird erzählt von Jesus Christ (EG 57)
Fürbittgebet
Vaterunser
Segen
Lied: O du fröhliche (EG 44)

Texte

Bilanz: Das Fest verbraucht, bevor es eigentlich begann

Notizen auf dem Wunschzettel ab Juli.
Weihnachtseinkäufe ab August:
Der kluge Mann baut vor.
Christstollen ab September.

Weihnachtslieder ab Oktober –
dudeln in einschlägigen Warenhäusern.
Weihnachtsbeleuchtung im November.
Weihnachtsgeld: Schon verrechnet,
bevor der Kontoauszug kam.
Weihnachtsgeschenke – längst abgesprochen:
Wer schenkt was wem für wieviel?
Weihnachtsfeiern: Fünf Stück in diesem Jahr.
Vorgestern war die letzte.

Die Überraschungen schon angekündigt.
Geheimnisse verplaudert.
Die große Freude unterteilt in viele kleine.
Das Fest verbraucht,
bevor es eigentlich begann.

Leere breitet sich aus – obwohl wir die Häuser mit Gütern füllten.
Finsternis dringt vor – obwohl es in den Wohnzimmern und Straßen glänzt und glitzert.
Die Nacht ist vorgedrungen.

Die Nacht ist vorgedrungen. Der Tag ist nicht mehr fern.

Der Duft der heiligen Nacht. Eine Sprechmotette zum spontanen Mitmachen

Spr. 1: Soweit die Geschichte von der Geburt Jesu.
Natürlich kennt Ihr sie, habt sie oft gehört.
Natürlich wißt Ihr auch, daß nach den Hirten
die heiligen drei Könige kamen.
Aber wer kam nach den heiligen drei Königen?
(Kinder evtl. raten lassen)
Nach den heiligen drei Königen kamen die Bienen.
Und das geschah so:

Spr. 2: Der Duft des Weihrauches, den der zweite der heiligen Könige dem Kind in der Krippe zum Geschenk gemacht hatte, erfüllte bald den ganzen Stall, verbreitete sich über die Felder und steinigen Wiesen weit über Bethlehem hinaus. Und je weiter ihn der Wind forttrug, desto geheimnisvoller wurde sein Duft.

Spr. 1: Die erste, die es merkte, war die Biene Pia.
Niemals hätten die Bienen von der Geburt des Kindes erfahren, hätte es diesen Duft nicht gegeben. Die Biene Pia erwachte mitten in der Nacht. Um sie her war es dunkel. Was hatte sie nur geweckt? Sie putzte ihre Fühler – da merkte sie es: Ein köstlicher Geruch lag in der Luft.

Spr. 2: He, Schwestern, rief Pia, spürt ihr das auch? Es ist ein Gefühl wie Sommerwiesen und bunte Blumen, wie Sonne und Kastanienblüten!
Spr. 1: Laß uns schlafen, brummten die anderen Bienen. Es ist tiefer Winter. Du träumst!
Spr. 2: Ich träume nicht, rief Pia. Kommt alle her!

Spr. 3: Alle Bienen, die hier in der Kirche sind, kommt her! *(Die Kinder, die eine Biene auf ihrem Liedblatt finden, versammeln sich an der Eingangstür der Kirche. Dann:)*

Spr. 2: Jetzt merken sie es alle. Tatsächlich, Margeriten, sagt die eine.
Löwenzahn und Klatschmohn, ruft eine andere.
Woher dieser köstliche Duft nur kommt? Da müssen wir hin!
Spr. 1: Also schwärmt das ganze Bienenvolk aus. Wohin in der Dunkelheit?
Immer nur dem Geruch nach.
Schließlich sehen sie ein Licht.
Da vorne, in dem Holzhaus mitten auf dem Feld, da muß es sein.
(Von Spr. 3 begleitet, ziehen die Kinder durch den Mittelgang nach vorne zur Krippe.)

Spr. 1: Vor dem Stall steht ein großer Hund mit einer Laterne.

Spr. 4 *hält eine Laterne in der Hand:* Ich bin der Hirtenhund und halte hier Wacht.
Wer begehrt Einlaß in dunkler Nacht?

Spr. 1: Da bekommen die Bienen einen ordentlichen Schreck und drängen sich eng zusammen.
Pia ist die Mutigste. Sie faßt sich ein Herz und tritt vor.

Spr. 2: Kannst du uns sagen, was hier so gut nach Waldbeeren riecht?

Spr. 4: Das sind die Geschenke für das Kind, das in der Krippe liegt.

Spr. 2: Ein Kind, ein Kind? Laß uns doch hinein!

Spr. 4: Aber seid ganz still. Das Kind ist gerade erst geboren und noch so klein!

Spr. 1: Der Hund öffnet die Türe ein wenig. Ganz leise kommen die Bienen in den Stall und scharen sich um die Krippe.

(Die Kinder stellen sich um die Krippe herum auf.)

Spr. 5: Oh, Bienen, sagt Maria.
Daß ihr das Kind aber nicht stecht.
Das wär mir nicht recht.

Spr. 2: Nein, sagt die Biene Pia, gewiß nicht.
Wir haben auch ein Geschenk mitgebracht.
Und uns für das Kind ein Lied ausgedacht.
Wir summen ihm die Melodie einmal vor.
Ganz nahe am Ohr.

Spr. 1: Und dann summen die Bienen ihr Lied.
Es ist eine Melodie, die ihr kennt.
Ihr dürft sie mitsummen.

Alle summen Melodie: Es ist für uns eine Zeit angekommen (EG 545)

Spr. 5: Maria sagt: Jetzt ist es genug. Seht, das Kind ist eingeschlafen.
Vielen Dank für euren Besuch!
Nehmt zum Dank vom Weihrauch etwas mit,
und singt allen Menschen und Tieren das Lied.
Daß sie's erfahren.

(Die Kinder erhalten ein Räucherstäbchen und gehen zurück an die Plätze, alle singen:)

Es ist für uns eine Zeit angekommen, die bringt uns eine große Freud:
unsern Heiland Jesus Christ, der für uns, der für uns, für uns Mensch geworden ist.
In einer Krippe da liegt es das Kindlein auf Heu und Stroh in kalter Nacht.

Unser Heiland Jesus Christ, der für uns, der für uns, für uns Mensch geworden ist.
(Nach EG 545)

Spr. 1: Kaum haben sich die Bienen auf den Heimweg gemacht, da kommen merkwürdige Tiere über das Feld gewatschelt.

Spr. 2: Vögel, die man in Bethlehem noch nie gesehen hat. Bekleidet sind sie mit einem schwarzweißen Frack, und haben lange Schnäbel.

Spr. 3: Alle Pinguine, die hier in der Kirche sind, kommt her! *(Die Kinder, die einen Pinguin auf ihrem Liedblatt finden, versammeln sich an der Eingangstür der Kirche. Dann:)*

Spr. 1: Jetzt sehen sie das Licht und kommen zum Stall.

(Von Spr. 3 begleitet, ziehen die Kinder durch den Mittelgang nach vorne zur Krippe.)

Spr. 4: Ich bin der Hirtenhund und halte hier Wacht!
Wer begehrt Einlaß in dunkler Nacht?

Spr. 2: Wir sind die Pinguine und frieren sehr.
Wir kommen weit vom Nordpol her.
Wir möchten fragen, was keiner weiß,
warum duftets am Nordpol nach Himbeereis.
Das ist nämlich unsere Lieblingsspeise.
Deshalb die Reise.

Spr.4: Das ist von Weihrauch und Myrrhe der Duft.
Der liegt heut nacht in der Luft!
Ein Kind ist geboren auf Heu und auf Stroh...

Spr.2: Ein Kind, rufen die Pinguine und schlagen aufgeregt mit den Flügeln *(Sprecher schlägt mit den „Flügeln", Kinder ahmen es nach).*
Laß es uns sehen, wir freuen uns so!

Spr.1: Also gehen auch die Pinguine in den Stall
und jeder steckt seinen langen Schnabel neugierig in die Krippe.

(Die Kinder stellen sich um die Krippe herum auf.)

Spr.5: Oh. Pinguine, sagt Maria.
Daß ihr mein Kind mit den Schnäbeln nicht pickt.
Daß es nicht erschrickt.

Spr.2: Gewiß nicht, sagt Fritzi, der kleinste Pinguin.
Was für kleine Hände, was für kleine Füße!
Wie heißt sie denn, die Süße?

Spr.5: Es ist ein Junge. Jesus heißt er.

Spr.2: Na, da gratulieren wir und singen dem Kind
unsere schönste Pinguinweise.

Spr.5: Aber still, sagt Maria, summt nur schön leise.

Spr.1: Und dann summen die Pinguine ihre Melodie.
Ihr kennt sie schon. Summt alle mit.

Alle: Melodie EG 545

Spr.5: Jetzt ist es genug, sagt Maria, seht, es lächelt im Schlaf.
Vielen Dank für Euren Besuch.
Nehmt zum Dank vom Weihrauch etwas mit,
und singt allen Menschen und Tieren das Lied.
Daß sie's erfahren.

(Die Kinder erhalten ein Räucherstäbchen und gehen zurück an die Plätze, alle singen:)

Es ist für uns eine Zeit angekommen, die bringt uns eine große Freud:
unsern Heiland Jesus Christ, der für uns, der für uns, für uns Mensch geworden ist.
In einer Krippe da liegt es das Kindlein auf Heu und Stroh in kalter Nacht.
Unser Heiland Jesus Christ, der für uns, der für uns, für uns Mensch geworden ist.
(Nach EG 545)

Spr. 1: Man hört die Pinguine noch in der Ferne singen, da stehen schon neue Gäste bereit.

Spr. 3: Alle Bären, die hier in der Kirche sind, kommt her! *(Die Kinder, die einen Bären auf ihrem Liedblatt finden, versammeln sich an der Eingangstür der Kirche. Dann:)*

Spr. 1: Eine Bärenfamilie kommt über das Feld getappt. Jo, der Kleinste, hat sie heute nacht alle aus dem Winterschlaf geweckt, weil die Luft plötzlich so köstlich nach Honig roch, daß er gar nicht mehr stillhalten konnte.

(Von Spr. 3 begleitet, ziehen die Kinder durch den Mittelgang nach vorne zur Krippe.)

Spr. 1: Sie versammeln sich vor dem Stall und stehen eine Weile still und unschlüssig.
Schließlich sagt der Hund wieder seinen Vers auf.

Spr. 4: Ich bin der Hirtenhund und halte hier Wacht,
Wer begehrt Einlaß in dunkler Nacht?

Spr. 2: Aha, ein Hund, sagen die Bären.
Vor dem haben wir aber keine Angst.
Wir sind auch stark.
Und Jo, der Kleinste, tritt vor:
Was riecht hier nach Honig so süß und fein?

Spr. 4: Das müssen die Geschenke für das Kindchen sein.

Spr. 2: Ein Kind? Hier im Stall? Bitte laß uns hinein!

Spr. 1: Der Hund öffnet die Tür, und die Bären kommen zum Stall hineinmarschiert.
Sie stellen sich an der Krippe auf.
Ganz leise auf ihren schweren Bärentatzen.

Spr. 5: Oh, Bären, sagt Maria.
Daß ihr mir das Kind aber nicht erschreckt.
Und es nicht weckt.
Und es nicht beißt!
Spr. 2: Ganz gewiß nicht, sagen die Bären.
Sagst Du uns denn, wie es heißt?
Spr. 5: Jesus heißt es. Und ich bin seine Mutter.
Spr. 2: Das Jesuskind, rufen die Bären, es ist das Jesuskind!
Spr. 5: Pst, macht Maria.
Spr. 2: Wir möchten, sagt Jo,
wir möchten dem Kind ein Ständchen bringen,
und ihm mit dem Bärenchor ein Kinderlied singen!
Spr. 5: Daß ihr mir aber nicht gar zu laut brummt.
Lieber wäre es mir, wenn ihr leise summt.
Spr. 1: Und dann summen die Bären im Chor das Lied.
Ihr kennt es schon. Ihr dürft mitsummen.
Alle: Melodie EG 545

Spr. 5: Jetzt ist es genug, sagt Maria.
Seht nur, es öffnet die Augen und lauscht.
Danke für Euren Besuch.
Nehmt zum Dank vom Weihrauch etwas mit,
und singt allen Menschen und Tieren das Lied.
Daß sie's wissen.
(Die Kinder erhalten ein Räucherstäbchen und gehen zurück an die Plätze, alle singen:)

Es ist für uns eine Zeit angekommen, die bringt uns eine große Freud: unsern Heiland Jesus Christ, der für uns, der für uns, für uns Mensch geworden ist.
In einer Krippe da liegt es das Kindlein auf Heu und Stroh in kalter Nacht. Unser Heiland Jesus Christ, der für uns, der für uns, für uns Mensch geworden ist.
(Nach EG 545)

Zwischenruf: Das Jesuskind und andere Kinder

Manchmal verliere ich mich in den festlichen Klängen der Weihnachtszeit, den geschäftigen Vorbereitungen und Einkäufen, dem Schenken und Beschenkt werden, dem Predigt schreiben und Andachten halten.

Manchmal verliere ich mich im geschäftigen Glanz und Gloria, der im Laufe der Zeit um Weihnachten herum gewachsen ist, wie eine Dornenhecke. Doch anders als Dornröschen wartet das Weihnachtsfest nicht und schläft, sondern macht sich auf, Jahr für Jahr. Sucht und findet mich. Bringt mich durcheinander und raus aus dem Trott.

Dieses Jahr ereilte es mich in Form eines Bildes aus der Projektliste von „Brot für die Welt“ (38. Aktion, 1996/97), das mich erst traurig, dann nachdenklich gemacht hat. Es ist das Bild von Andrés. Sie finden es auf dem Liedblatt.
Sechs Jahre alt ist Andrés. Aber die Hände, die auf diesem Bild zu sehen sind, sind nicht die eines Sechsjährigen. Sie wirken alt, verbraucht, abgearbeitet. Andrés lebt in einem Armenviertel in Bogotá, der Hauptstadt Kolumbiens. Er erzählt: Meine Großmutter, meine Mutter, mein Vater und meine Schwestern arbeiten alle in der Lehmgrube. Ich bin der jüngste und grabe und hacke den ganzen Tag Lehm. Den schweren Lehm schleppe ich zu meinem Vater, der daraus Lehmziegel preßt. Trotz unserer Arbeit haben wir nie genug Geld, um Essen für uns alle zu kaufen.

Andrés aus Bogotá steht für das Schicksal von Millionen von Kindern, über die in der letzten Zeit häufiger berichtet wird. Kinder, die arbeiten müssen, damit sie und ihre Familien überleben. Kinder ohne Familien, die in Rio, Guatemala City oder St. Petersburg auf der Straße leben und von der Miliz gejagt werden wie Freiwild. Kinder, zur Prostitution gezwungen. Nicht nur in den Staaten der dritten Welt. Auch bei uns: Kinder, mißhandelt, mißbraucht, verwahrlost.

Mein erster Gedanke ist:
Meine Kinder nicht.
Meine Kinder sollen intakt aufwachsen. Denen tut niemand etwas an. Die sollen, wenn es hart auf hart kommt, stark genug sein, sich zu wehren.

Reicht das?
Es reicht nicht. Es reicht nicht, die Kinder Judo lernen zu lassen, sie auf eine ausgewählte Schule zu schicken, wo es gesittet zugeht. Wir können sie auch nicht ewig mit dem Auto von der Schule zum Ballett und von da aus zum Flötenunterricht bringen, weil der Bushof so eine kriminelle Ecke ist. Es macht keinen Sinn, die Kinder hinter einem selbsterrichteten Zaun einzusperren. Irgendwann werden unsere Kinder zwangsläufig denen begegnen, vor denen wir sie schützen wollen. Mark, der ständig mit einer Gaspistole herumfuchtelt, und halbe Nächte am Video sitzt. Jasmin, die so merkwürdige Spiele spielt, weil sie von ihrem Vater seit Jahren mißbraucht wird, ohne daß ein Mensch das ahnt. Pjotr, der auf dem Schulhof wahllos um sich prügelt, dem fünften von acht Geschwistern in einem Aussiedlerheim. Früher oder später werden unsere Kinder diesen Kindern begegnen. Und dann kommt es darauf an, daß sie sich wie Geschwister begegnen – und nicht wie feindliche Bewohner eines kriegerischen Planeten.

Den Fremden wie Geschwister begegnen – wie lernen unsere Kinder das? Sie lernen es, indem wir, die Eltern, uns für die vielen zu kurz gekommenen, vernachlässigten und gestörten Kinder draußen einsetzen wie für unsere eigenen. Das beste, was wir für unsere Kinder tun können, ist, daß wir nicht nur für *unsere* Kinder sorgen, sondern für die vielen Kinder mit, die da draußen jemand verloren hat.

Das kann auf vielerlei Weise geschehen. Man kann spenden für ein Kinderhilfsprojekt in der dritten Welt – dieses Jahr vielleicht mehr als gewöhnlich. Man kann sich engagieren im Kinderschutzbund oder bei *terre des hommes*. Man kann ein Kind vorübergehend in Pflege nehmen – oder auf Dauer. Oder ganz einfach: einladen. An den Mittagstisch holen. Mitspielen lassen und mitspielen. Mitreden lassen und mit ihnen reden. Zuhören – auch den vermeintlich fremden Kindern. Es sind Geschwister unserer eigenen.

Meine Hoffnung ist:
Wenn Karolina, Friederike und Jonathan aus dem behüteten Elternhaus erleben, daß Pjotr, Jasmin, Mark und Andrés ihre Geschwister sind, dann finden sie womöglich auch leichter zum Kind in der Krippe, zu Gott

selbst, der uns da in einem entlegenen Winkel der dritten Welt Bruder geworden ist und den Frieden auf Erden bringt und allen Menschen ein Wohlgefallen. Amen

Fürbittgebet

Spr. 1: Herr unser Gott – ich danke Dir dafür, daß Du mir im Kind in der Krippe zum Bruder geworden bist. Daß Du mich kennst und akzeptierst, so wie ich bin. Daß Du meinen Tiefen und Untiefen auf den Grund gehst und mich von meinem Innersten her verstehst.

Spr. 2: Ich bitte Dich, lehre mich, lehre uns, die Welt mit Deinen Augen zu sehen, uns einzufühlen in das, was die Menschen um uns her erleben, zuzuhören und zu verstehen, wenn sie reden.

Spr. 1: Wir kommen zu Dir und rufen: Herr, erhöre uns.

Spr. 2: Wir schauen auf das Kind in der Krippe und danken für jedes Kind, das im letzten Jahr zur Welt gekommen ist. Danken für die Geborgenheit, die wir unseren Kindern geben können.

Spr. 1: Wir denken an die Kinder, die schutzlos aufwachsen, haltlos. Kinder auf den Straßen und in den Slums, Kinder in überlasteten Heimen.

Spr. 2: Wir bitten Dich für sie und rufen: Herr, erhöre uns.

Spr. 1: Wir hören die Engel vom Frieden singen, und danken Dir dafür, daß im letzten Jahr mancher Krieg ein Ende gefunden hat: Friede Schritt für Schritt auf dem Balkan und in Nordirland. Zerbrechlicher Friede in Bethlehem, der Stadt Deiner Geburt.

Spr. 2: Wir bitten Dich für die, die den Frieden halten, ob in der Politik, in den Familien, auf der Arbeit. Stärke unseren Glauben, daß alle Menschen zum Kind in der Krippe gehören und damit Geschwister sind.

Spr. 1: Wir kommen zu Dir und rufen: Herr, erhöre uns.

Spr. 2: Die Hirten fanden zur Krippe. Die Heiligen Drei Könige auch. Viele Menschen nicht. Wir denken an die, die heute abend in unseren Reihen fehlen.

Spr. 1: Denken an die, die krank sind. An die, für die der Weg zu mühsam war, an die, die auf Reisen sind oder sonstwie verhindert. An die, die sich der Kirche fremd fühlen. Wir bitten Dich, daß auch für sie Weihnachten wird.

Spr. 2: Wir kommen zu Dir und rufen: Herr, erhöre uns.

„Mehr Licht“

Gottesdienst mit Jugendlichen

Symbol: Glühbirnchen

Anmerkungen zu Planung, Vorbereitung und Verlauf

Um diesen Gottesdienst anschaulich zu gestalten, braucht es einige Utensilien: Eine Glühbirne (möglichst groß und gut zu erkennen), eine Kerze sowie ein transportables Flashlight, das relativ schwierig zu beschaffen war. Vielleicht wissen die Jugendlichen, die bei der Vorbereitung helfen, wo man eines bekommt. Sonst erkundigt man sich am besten beizeiten im Elektrofachhandel oder einer Diskothek. Als **Symbol** werden kleine **Glühbirnchen** verteilt, die auch in größeren Mengen im Fahrradladen erhältlich sind (zur Sicherheit vorbestellen).
Der Gottesdienst richtet sich in erster Linie an Jugendliche, soll aber von der ganzen Gemeinde mitgefeiert werden. Er ist an keinen festen Zeitpunkt im Kirchenjahr gebunden. Das Thema Licht paßt jedoch am besten in die Epiphaniaszeit.

Verlaufsplan

Klärungen
Begrüßung
Lied: Laudato si (EG 515,1–3.7–9)
Im Wechsel gebetet: Lichtverse aus den Psalmen

Rede und Antwort
Licht der Welt – biblische Lesung nach Matthäus 5
Lied: Gottes Wort ist wie Licht in der Nacht (EG 591)
Zugegeben: Ich leuchte nur selten
Zum Flashlight gelesen: So bin ich – Schatten und Licht
Lied: Hilf, Herr meines Lebens (EG 419)
Streit: Ich bin das Licht! – Nein, ich!
Lied: Du höchstes Licht, ewiger Schein (EG 441)
Zwischenruf: Licht aus!

Teilhabe und Gemeinschaft
Lied: Erneure mich, o ewigs Licht (EG 390)
Zum Meditieren und Mitnehmen: Verteilen der Glühbirnchen

Zurück in den Alltag
Fürbittgebet mit Gebetsruf: Gottes Wort ist wie Licht in der Nacht (EG 591)
Vaterunser
Segen

Texte

Im Wechsel gebetet: Lichtverse aus den Psalmen

Der Herr ist mein Licht und mein Heil.
Vor wem sollte ich mich fürchten?
Der Herr ist meines Lebens Kraft.
Vor wem sollte mir grauen?
Dein Wort, Herr, ist meines Fußes Leuchte
und ein Licht auf meinen Wegen.
Wie Strahlen der Sonne wärmt uns Dein Antlitz,
Licht ist Dein Kleid, das Du anhast.
Wie ein leuchtender Pfad ist Dein Gebot,
es leitet mich auf ewigem Wege.
Die Quelle des Lebens ist bei Dir, Herr,
in Deinem Lichte sehen wir das Licht.

Licht der Welt – biblische Lesung nach Matthäus 5

Ihr seid das Licht der Welt!
Eine Stadt, die hoch auf dem Berge liegt, kann nicht verborgen bleiben.
Man sieht des Nachts ihre Lichter weithin.
Auch zündet man nicht eine Kerze an und stülpt einen Topf darüber. Vielmehr setzt man sie auf einen Kerzenständer: So leuchtet die Flamme allen, die im Hause sind.
So sollt auch Ihr es tun. Ihr seid das Licht der Welt. Laßt euer Licht leuchten vor den Menschen. Sie sollen etwas von euren Fähigkeiten haben. Sie sollen eure guten Werke sehen. Und wenn ihr Christen seid und euch zu Jesus bekennt, werden eure Mitmenschen euren Glauben ernst nehmen und Gott preisen, unseren Vater im Himmel.

Zugegeben: Ich leuchte nur selten

Ihr seid das Licht der Welt – dieser Zuruf Jesu gilt für alle, die ihm nachfolgen. Auch für uns. Wir könnten also Licht um uns her verbreiten. Wir sollen es sogar.
Aber wir tun es nicht immer.
Wenn ich fröhlich bin, ausgelassen, kann ich andere mit meiner Lebensfreude anstecken. Aber ich bin es nicht immer. Wenn meine Züge entspannt

sind und mein Gesicht Ruhe und Harmonie ausstrahlt, kann diese Ausgeglichenheit auf andere übergehen. Nur: Ich strahle nicht immer. Wenn mir ein Licht aufgegangen ist und ich überzeugt bin von einer Idee, dann kann ich andere mitreißen. Doch so sicher bin ich selten. Ich schwanke meist zwischen Zweifel und Gewißheit. Schwanke zwischen Schatten und Licht.
Eine Erfindung der Popkultur ist das Flashlight. Es kommt in jeder Disco zum Einsatz und läßt so manchem besorgten Erwachsenen die Haare zu Berge stehen. Aber es ist – wer hätte das gedacht – ein religiöses Symbol! Es bringt zum Ausdruck, was wir erleben. Wir sollen sein: Licht der Welt. Wir sind: Licht und Schatten, die oft von einem Moment zum anderen wechseln: Licht und Schatten, Schatten und Licht. Das Flashlight. Bekommen sie jetzt keinen Schreck, wenn wir ein solches Ding in Gang setzen. Wir haben eines mitgebracht und lesen ihnen vor, was dazu paßt.

Zum Flashlight gelesen: So bin ich – Schatten und Licht
(Eventuell kann man das folgende Gedicht mit mehreren Sprechern vortragen.)

So bin ich:
mal dunkel – mal hell,
mal Schatten – mal Licht,
mal langsam – mal schnell.

Hier kalt – da verliebt,
bald glücklich – bald leer,
mal himmelhochjauchzend –
zu Tode betrübt.

So bin ich:
mal eng – und mal weit,
bald dumm – bald gescheit,
mal wild und mal frei.
Zum Helfen bereit.

Mal down und mal high,
erst ängstlich versteckt,
dann lauthals dabei.
So bin ich.

So bin ich:
mal lässig – mal cool,
heut Ja – morgen nein.
Mal Tisch und mal Stuhl.

Bald klein und bald groß,
heut für andere da –
morgen rücksichtslos.
Mal „ego“, mal „aso“,
ganz ich – und ganz du.

Mal Schatten, mal Licht.
So bin ich.

Wie bin ich?
Ich weiß es nicht.

Streit: Ich bin das Licht – nein ich!

Die Sprecher halten eine brennende Kerze bzw. eine Glühbirne in der Hand.

Spr. 1: Ihr seid das Licht der Welt – könnt ihr das nicht? fragt die Glühbirne. Schaut mich an. Ich leuchte in vielen verschiedenen Formen überall auf dem Globus: in Leselampen, in Straßenlaternen, in den Flutlichtanlagen der Stadien. Ich mache es euch vor, was es heißt, Licht der Welt zu sein!

Spr. 2: Nun bild' dir mal nichts ein, sagt die Kerze. Woher bekommst du denn dein Licht? Du leuchtest nur, wenn man dich an eine Batterie hält oder an eine Steckdose anschließt. Du bist angewiesen auf eine Kraftquelle von außen. Dann erst leuchtest du. Steckdose, Leitungen, elektrischer Strom: Ich brauche das alles nicht. Ich brenne von allein.

Spr. 1: Naja, sagt die Glühbirne – auch dich muß erst einmal jemand anzünden. Mit einem Streichholz. Sonst tut sich gar nichts.

Spr. 2: Aber dann, entgegnet die Kerze – dann brenne ich von allein. Ich bin auf nichts und niemanden angewiesen. Das eigentliche Licht bin ich.

Spr. 1: Aber du verzehrst dich dabei selbst. Nach ein paar Stunden bist du heruntergebrannt, dein Wachs ist geschmolzen. Die Flamme hat dich verbraucht, um zu leuchten. Ich dagegen brenne und verändere mich nicht.

Spr. 2: Durch dich leuchtet es hindurch. Dein Licht ist künstlich. Kein menschliches Auge hält deinen Anblick länger als eine halbe Sekunde aus! Meine Flamme dagegen ist warm. Die Menschen lieben es, sich darin zu verlieren. Sie stellen mich in Kirchen auf und zu feierlichen Anlässen.

Spr. 1: Mein Licht ist hell. Wenn ich leuchte, können die Menschen lesen, ohne sich die Augen zu verderben. Ich stehe für ein neues Zeitalter – das des Wissens und nicht das der Religion!

Spr. 2: Und doch bleibt mein Vorteil: Mein Licht kommt aus mir selbst. Ich bin die Quelle meines eigenen Lichts.

Spr. 1: Du irrst dich. All unsere Wärme und unser Licht speist sich letztlich von dem einen großen Licht her, das unseren Planeten schon seit Jahrmillionen bescheint. Die Kraft der Sonne ist es, die im Wachs deines Mantels steckt. Ihre Energie ist es, die durch den Strom in meine Fäden fließt und sie zum Glühen bringt.

Spr. 2: Dann ist sie also das Licht der Welt, die Sonne?

Spr. 3: Es gibt Menschen, die verzehren sich selbst, indem sie für andere brennen und weithin leuchten. Es gibt Menschen, die leuchten nicht aus eigener Kraft. Das Licht fließt durch sie hindurch oder sie spiegeln es wider – und scheinen doch hell. Alle aber leben letztlich von dem einen Licht, das von Anbeginn die Welt aus dem Dunkel holte, erleuchtet und zum Ziel bringt.
Jesus Christus spricht: Ich bin das Licht der Welt. Wer mir nachfolgt, wird nicht wandeln in der Finsternis.

Zwischenruf: Licht aus!

„Mach mal das Licht aus, sonst sieht man die Pickel so“, pflegte mein Freund Bernd zu sagen, wenn jemand im Jugendkeller die Neonbeleuchtung eingeschaltet hatte.

Eigentlich eine dumme Redensart. Aber ich habe sie bis heute nicht vergessen, denn sie birgt eine Wahrheit: Es gibt eine ganze Menge Dinge, von denen wir uns wünschen, daß sie nicht ans Licht kommen. Daß sie keiner sieht, keiner wahrnimmt, keiner entdeckt. Nicht nur die Pickel auf der Gesichtshaut. Nicht nur die Schminke, die ich auflege. Nicht nur die Masken, die – bei Licht besehen – jeder sofort erkennen müßte. Auch vieles im Innern, was nur meine Augen verraten: Enttäuschung. Traurigkeit. Hoffnung. Rachegedanken. Unsicherheit. Gefühle, die ich nicht jedem zeige. Liebe. Auch daß ich verliebt bin, lasse ich mir nicht gerne anmerken. Wer weiß, ob mich nicht jemand aufzieht?
Genug Gründe, um mich im Halbdunkel zu bewegen, wo niemand mich ganz genau erkennt. Oder in der Disco zum Flackern des Flashlights zu tanzen. Auch mein Körper verrät eine Menge über mich selbst. Das Flashlight macht mich unerkennbar: Kaum hat mich jemand im grellen Licht entdeckt, taucht die Pause schon alles ins Dunkel. Blitzt das Licht nach Sekundenbruchteilen erneut auf, befinde ich mich schon wieder in einer anderen Position, mit anderer Körperhaltung und anderem Gesichtsausdruck.
Das volle Licht, das unablässige, strahlende Licht hat etwas Unausweichliches, Entlarvendes. Etwas Unbarmherziges.
Das Licht der Welt – vielleicht ist das der Grund, warum sich viele Menschen auf Jesus nicht einlassen, sich dem Licht entziehen. Es nicht an sich heranlassen und ihm nicht näherkommen wollen. Sie haben Angst davor, daß das Licht sie durchleuchtet, daß Jesus sie erkennt bis unter die Haut, bis in die dunkelsten Ecken ihrer Person, und alles zutage fördert, was man lieber verborgen hält.

Niemand will sich durchleuchten lassen.
*Er*leuchtung aber will jeder.

Die Menschen damals suchten Erleuchtung bei Wahrsagern und Götzen. Die Menschen heute suchen sie bei Gurus und Sternkundigen. Hoffen auf die alles entscheidende Botschaft beim Kartenlegen oder Gläserrücken. Erwarten Offenbarungen in einer fernen Religion, Klarheit in einem neuen Programm zur Meditation. Alles darf sich ändern – nur ich selbst nicht. Erleuchtung, Erkenntnis ja! – aber ohne mich selbst erkennen zu müssen oder gar mich zu erkennen zu geben.
Jesus Christus – Licht der Welt. Plötzlich ist das keine Wahrheit mehr, zu der ich als Konfirmand brav nicke und sie dann vergesse, weil sie mich nicht betrifft. Plötzlich ist dieser Vers auch nicht mehr nur schön.
Jesus Christus – Licht der Welt: Wenn ich mit dieser Verheißung Licht ins eigene Leben bringen will, dann ändert sich für mich eine Menge.

Dann lasse ich es zu, daß jemand mich aus der Nähe ansieht – und zwar Gott selbst, im Licht des hellen Tages. Und nicht nur das Äußere ansieht. Dann lege ich offen, Stück für Stück, was in mir ist. Öffne sozusagen meine geheimen Archive, in denen düstere Akten lagern, die ich selbst längst vergessen habe, weil ich sie vergessen wollte. Da kommt manches ans Licht, worauf ich nicht gefaßt bin.
Jesus Christus – Licht der Welt. Es ist anstrengend, diesen Satz ins Leben zu holen. Aber ich vermute: Anders wird uns Erleuchtung nicht zuteil und nicht Erneuerung. Anders werden wir dem Auftrag, selber Licht der Welt und Salz der Erde zu werden, nicht gerecht.

Zum Meditieren und Mitnehmen: Verteilen der Glühbirnchen

Spr. 1: Licht, das mich erneuert.
Licht, das mich erkundet und durchschaut.
Licht, durch das ich mich im rechten Lichte seh'.

Spr. 2: Licht, das mich erleuchtet.
Licht, mit dem ich das Leben anderer hell machen kann.
Ich bin ein kleines Licht. Doch gebe ich weiter vom großen Licht, vom ewigen.

Spr. 1: Wir haben für euch mitgebracht:
Kleines Licht, das sich speist vom großen Licht.
Es soll euch an den erinnern, der uns ruft, das Licht der Welt zu sein.

Spr. 2: Und der es selber ist.

(Jugendliche verteilen die Glühbirnchen.)

Fürbittgebet mit Gebetsruf

Bei Dir, Herr, ist die Quelle des Lebens,
und in Deinem Worte sehen wir das Licht.
An Dir, Herr, halten wir fest, wenn wir singen:
Gottes Wort ist wie Licht in der Nacht … (EG 591)

Wir wollen weitergeben von dem Licht,
das Du uns scheinen läßt.
Doch ist unser Alltag oft grau, und wir fühlen uns leer.
Sprich zu uns das Wort,
das Hoffnung macht und die Phantasie weckt,
Altes aufs neue zu beginnen.
An Dir, Herr, halten wir fest, wenn wir singen:
Gottes Wort ist wie Licht in der Nacht ...

Wir wollen weitergeben von dem Licht,
das Du uns scheinen läßt.
Doch oft reicht die Kraft nicht einmal für uns selbst.
Sprich zu uns das Wort,
das langen Atem gibt
und die geheimnisvolle Kraft, die wächst,
wenn ich für andere dabin.
An Dir, Herr, halten wir fest, wenn wir singen:
Gottes Wort ist wie Licht in der Nacht ...

Manchmal gelingt es uns doch,
weiterzugeben von deinem Licht.
Gib auf uns acht, Herr,
daß wir nicht zu hell strahlen und andere in den Schatten stellen.
Sprich zu uns das Wort,
das uns demütig und ruhig macht,
und auch die Menschen neben uns bestehen läßt.
An Dir, Herr, halten wir fest, wenn wir singen:
Gottes Wort ist wie Licht in der Nacht ...

Wir bitten Dich für unser Volk, unser Land und unsere Kirchen.
Es scheint, als wären wir auf dem absteigenden Ast.
Der Wohlstand nimmt ab, die Rücksichtslosigkeit nimmt zu.
Laß leuchten Dein Licht über uns,
daß wir erkennen, worauf es wirklich ankommt:
Daß wir in allem Auf und Ab einander Liebe zeigen,
die allein unser Leben wertvoll macht.
An Dir, Herr, halten wir fest, wenn wir singen:
Gottes Wort ist wie Licht in der Nacht ...

Masken

Gottesdienst mit Kindern, Konfirmanden und Eltern

Symbol: Lächelmasken

Anmerkungen zu Planung, Vorbereitung und Verlauf

Symbol dieses Gottesdienstes ist eine einfache, aus farbigem DIN-A4-Papier hergestellte **Lächelmaske** (vgl. Schablone unten, auf A4 vergrößern). Links und rechts wird Gummilitze befestigt (Heftklammern sparen aufwendiges Knoten). Bei der Herstellung hilft vielleicht eine Konfirmanden- oder Jugendgruppe, die den Gottesdienst auch inhaltlich vorbereiten könnte.
Die Masken werden zu Beginn an die Teilnehmerinnen und Teilnehmer ausgegeben und im Laufe des Gottesdienstes wieder eingesammelt. Um Unruhe zu vermeiden, können Kinder, die sich davon nicht trennen wollen, sie kurzerhand behalten. Am Ausgang erhält ohnehin jeder eine Maske als Erinnerungsstück zurück.
Das Glaubensbekenntnis für diesen Entwurf wurde von Konfirmanden verfaßt und von der Gemeinde gesprochen. Man kann an seine Stelle auch das Apostolische Glaubensbekenntnis setzen.
Das Thema eignet sich vor allem für die Zeit um Karneval.

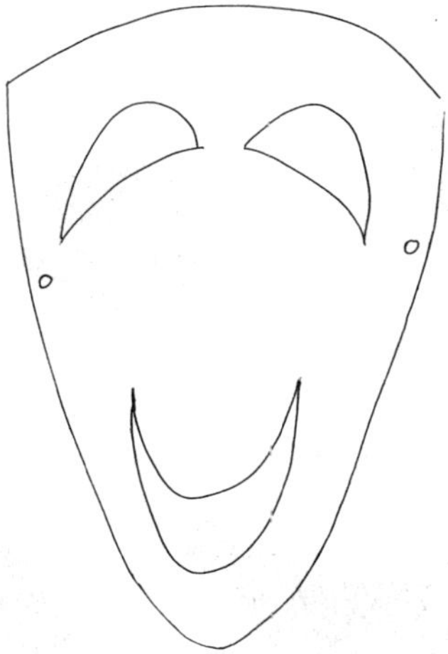

Verlaufsplan

Klärungen
Gefragt: Was werdet ihr zu Karneval?
Kanon: Laßt uns miteinander (EG 645)
Karneval: Das Maskenfest
Gebetet: Alltagsmasken
Lied: Hilf, Herr meines Lebens (EG 419)

Rede und Antwort
Biblische Lesung nach 1. Korinther 13,9–13
Glaubensbekenntnis der Konfirmanden
Lied: Ein reines Herz, Herr, schaff in mir (EG 389)
Erzählt: Der Lächelplanet
Lied: Unser Leben sei ein Fest ... (EG 571)

Teilhabe und Gemeinschaft
Zwischenruf: Leben ohne Masken
Einsammeln der Masken
Lied: Du bist Du (Text und Musik in Band 1, „Wenn Steine sprechen", Seite 42 f)

Zurück in den Alltag
Nachgehakt: Völlig ohne Masken?
Gebetet: Psalm 139 im Wechsel
Kanon: Laßt uns miteinander (EG 645)
Fürbittgebet
Das Vaterunser gesungen (EG 188)
Segen
Zum Mitnehmen: Masken

Texte

Gefragt: Was werdet ihr zu Karneval?

Was werdet ihr zu Karneval? *(Antworten aus der Gemeinde einholen)*
Warum verkleiden sich die Leute zu Karneval? *(Antworten einholen)*

Was ist es, das bewirkt, daß zu Karneval die seriösesten Herren und reserviertesten Damen in ein Kostüm schlüpfen, das sie unkenntlich macht – und sich in ein Gewühl aus Lust und Laune stürzen?
Das Wichtigste ist: Mich erkennt keiner. Ich kann für ein paar Stunden Fünfe gerade sein lassen, ohne daß die Leute am nächsten Tag mit dem Finger auf mich zeigen und sagen: Also der, wie der sich wieder benommen hat! Mich erkennt keiner. Das ist das schöne an den Masken, die ich aufsetze.
Über Masken, über unsere Maskerade, wollen wir in diesem Gottesdienst nachdenken.

Karneval: Das Maskenfest

Die Masken schützen mich nicht nur, sie helfen mir, Rollen zu spielen. Rollen, die ich immer schon einmal spielen wollte. Helfen mir, mich zu geben, wie ich vielleicht ganz versteckt in meinem Innern bin. Das leichte Mädchen, der Matrose auf Landgang. Die Möhn, die ihre Aggressionen an den Männern ausläßt. Der Hanswurst, der sich bereitwillig für dumm verkaufen und demütigen läßt: Maske auf und losgelegt. Ausgelebt, was in mir steckt, was unter meiner Oberfläche rumort.
Wenn Karneval die Zeit im Jahr ist, in der wir eine Maske aufziehen, um einmal so sein zu können, wie wir sind oder gerne wären, dann bedeutet das umgekehrt, daß wir uns für die restliche Zeit *nicht* so geben, wie wir sind. Daß ich eigentlich das ganze Jahr über Masken trage, hinter denen ich mich verstecke. Daß ich an vielen, viel zu vielen Stellen eine Rolle spiele, die mir nicht entspricht. Daß ich eine Fassade vor mir hertrage, und nicht ich selbst bin.

Gebetet: Alltagsmasken

Ich möchte schön sein –
und male mich an.
Ich möchte geliebt werden –
und zeige mich von meiner sonnigen Seite.
Ich möchte als klug gelten –
und ergehe mich in gelehrten Worten.
Ich suche Applaus –
und trage tausend sympathische Masken.
Ich möchte Einfluß und Macht –
und mache es allen recht.
Ich möchte die ganze Welt gewinnen
und nehme Schaden an meiner Seele.
Nicht einmal zu dir, Gott, komme ich ungeschminkt.
Hilf, Herr meines Lebens!

Biblische Lesung nach 1. Korinther 13,9–13

Was wir voneinander wissen, ist Stückwerk.
Was wir von uns preisgeben, ist Stückwerk.
Aber einst kommt das Vollkommene.
Dann werden die Scherben zusammengesetzt zu einem Ganzen.

Heute: Wenn ich versuche, mich selbst zu erkennen, sehe ich nur ein trübes Bild in einem matten Spiegel. Wenn aber das Vollkommene kommt, erkenne ich von Angesicht zu Angesicht. Dann bekommen wir Durchblick. Und wir werden durchschaut.
Am Ende bleiben Glaube, Liebe, Hoffnung. Aber die Liebe ist die größte unter ihnen.

Glaubensbekenntnis der Konfirmanden

Ich glaube, daß es Gott wirklich gibt.
Er hat die Welt erschaffen.
Ich glaube, daß es außerirdische Lebewesen gibt,
die uns eines Tages besuchen.
Gott hat auch sie geschaffen.
Er hat Macht über alles, was geschieht.
Gott liebt alle Lebewesen und möchte,
daß sie glücklich werden.
Dazu hat er seinen Sohn Jesus Christus
zu den Menschen gesandt.
Er hat die Finsternis besiegt.
Sein Licht strahlt heller als alles, was mir Angst macht.
Ich glaube, daß die Bibel Gottes Wort widerspiegelt.
Ich glaube, daß Gott hört, wenn wir beten.
Ich glaube an ein Weiterleben nach dem Tod.
Mein Glaube – und sei er noch so schwach –
ist der Grundstein für ein Leben in Freiheit und Liebe.
Amen

Erzählt: Der Lächelplanet

(Zu Beginn der Geschichte werden die Gottesdienstteilnehmer gebeten, ihre Masken aufzusetzen.)

„Freiwillige vor!" sagt der Weltraumkommandant. „Vor uns im Weltraum liegt ein unentdeckter Planet, der muß erforscht werden."
„Ich gehe", sagen Tim und Tina gleichzeitig.
„Ihr? Ihr seid doch erst zehn Jahre alt", sagt der Kommandant.
„Wir wollen aber trotzdem. Wir gehen zu zweit", sagen Tim und Tina.
Wenig später sitzen sie in ihrem Raumscooter.

„Hier sieht es ja genauso aus wie bei uns“, flüstert Tim, nachdem sie an einer versteckten Stelle gelandet sind. „Es gibt Häuser, Straßen, Autos und Planetenbewohner, die aussehen wie Menschen.“
„Aber irgend etwas ist anders“, flüstert Tina. „Wenn ich nur wüßte, was!“
„Ich glaube, ich weiß es“, flüstert Tim. „Schau mal. Die lächeln alle. Und sie reden nicht.“
„Tatsächlich. Sie sind stumm wie Fische, aber sie lächeln immerzu“, sagt Tina leise. „Schnell! Wir müssen auch lächeln. Bevor wir auffallen.“
Sie ziehen die Mundwinkel in die Höhe und machen ein fröhliches Gesicht. Sie sind stolz, daß sie so schnell herausgefunden haben, worauf man bei diesem fremden Planeten achten muß. Dann erkunden sie die Stadt und die Siedlungen ringsum. Niemand redet, aber alles lächelt: Die Kinder und Babys lächeln. Die Kühe in den Ställen kauen ihr Gras und lächeln. Sogar die Hasen auf dem freien Feld lächeln.
„Die müssen aber sehr glücklich sein“, sagt Tina in einem unbeobachteten Moment.
„Ich weiß nicht recht“, meint Tim. „Schau nur, ihr Lächeln wirkt starr wie aus der Kühltruhe. Es ist, als hätten sie eine Maske auf.“
„Es ist auch furchtbar anstrengend, die ganze Zeit die Lippen in die Breite zu ziehen. Ich kann bald nicht mehr.“
„Aber du mußt. Sonst merken sie, daß wir nicht zu ihnen gehören!“
„Mir wird es unheimlich“, sagt Tina. „Ich will nach Hause. Zum Raumschiff.“
Sie kehren zur Stadt zurück.
„Weißt du noch, wo unser Scooter steht?“
„Nein. Du hast ihn doch abgestellt“, sagt Tina.
„Das darf nicht wahr sein“, flüstert Tim. „Er ist weg.“ Er stampft mit dem Fuß auf. „Gleich bei unserer ersten Mission so eine Panne!“
„Mach nicht so ein wütendes Gesicht“, raunt Tina ihm zu. „Du mußt lächeln. Die Leute drehen sich schon nach uns um.“
Tatsächlich. Einige der lächelnden Planetenbewohner sind stehengeblieben. Es werden immer mehr. Als sie Tims ärgerliche Miene sehen, geschieht etwas Merkwürdiges. Ihre Gesichter verändern sich auch. Erst ziehen sie die Mundwinkel nach unten. Dann runzeln sie die Augenbrauen. Es knistert und knackt richtig, als ihr tiefgefrorenes Lächeln auftaut. Es ist, als hätten sie ihre Masken abgezogen. (*Gottesdienstteilnehmer ziehen ihre Masken ab.*)
„Schau nur, wie drollige Grimassen sie schneiden“, platzt Tina heraus.
Tim hält ihr die Hand auf den Mund, aber es ist schon zu spät. Sie lacht laut und hell. Jetzt haben sie sich verraten.

Merkwürdig. Keiner schaut sie feindlich an. Es kommt auch keine Patrouille, um sie festzunehmen. Stattdessen machen die Planetenbewohner Tinas helles Gesicht nach und fangen auch an zu lachen. Ein herzhaftes, befreites Lachen.
„Hör mal“, sagt Tim. „Jetzt sprechen sie sogar.“
Tatsächlich: Als hätten sie die Sprache neu entdeckt, schwatzen die Planetenbewohner drauflos, reden durcheinander, üben die neuentdeckten Gesichter, erfinden selbst welche, schauen sich gegenseitig an, lachen und schwatzen weiter. Das ganze Leben lang immer nur lächeln und schweigen: Da hat man sich eine Menge mitzuteilen. Um Tim und Tina kümmert sich längst niemand mehr.
„Da ist er ja!“ ruft Tina und zeigt auf den Raumscooter. Er steht hinter einer Mauerecke.
„Stimmt!“ Tim schlägt sich gegen die Stirn. „Da hatte ich ihn abgestellt. Jetzt aber nichts wie weg!“

„Na so was“, sagt der Kommandant. „Seid ihr ganz sicher, daß sie Gesichter geschnitten haben? Ich habe nämlich im intergalaktischen Handbuch nachgeschlagen. Der Stern, den ihr erkundet habt, war doch schon entdeckt. Er trägt den Namen Lächelplanet, weil seine Bewohner seit Millionen von Jahren nicht anders können als lächeln, lächeln, lächeln.“
„Aber mag wohl sein“, fährt er fort. „Wenn es einer wagt, sein wahres Gesicht zu zeigen, dann trauen sich auch die anderen und legen ihre Masken ab. Die Menschen schauen sich ins Gesicht, erkennen sich gegenseitig und beginnen, offen miteinander zu reden. Dann wird das Leben erst schön.“

Zwischenruf: Leben ohne Masken

Auf unserem Planeten sind es nicht nur lächelnde Masken, die die Menschen tragen. Es gibt viele andere. Wir machen auf cool und lässig. Auf klug und gebildet. Auf vital und jugendlich. Auf Gefühl und Härte. Auf heiter und gelassen.
Aber warum? Warum die Maskerade, wenn es doch so anstrengend ist, sie aufrecht zu halten?
Der Grund, weshalb ich mich im alltäglichen Umgang immer wieder hinter Masken verschanze, ist die Angst, nicht so sein zu dürfen, wie ich wirklich bin. Ich sage besser nicht, was ich denke. Ich zeige besser nicht, was ich fühle. Ich habe Angst, daß meine Ansichten altmodisch, meine Fragen dumm, meine Erinnerungen sentimental, meine Hoffnungen naiv, meine Liebe unpassend und meine Bedürfnisse unberechtigt sind.

Unberechtigt. Letztlich ist es die Angst, im tiefsten Innern verkehrt zu sein. Als hätte ich eigentlich kein Recht, so zu sein, wie ich bin.
Also muß ich anders sein. Ich schminke mich schön. Ich rede gelehrt. Ich zeige ein sonniges Gemüt. Das andere Gesicht, das lächelnde Gesicht, der Freundliche aber Fremde, den ich nach außen zeige – das ist meine Maske. Diese ewige, selbstverneinende und selbstzerstörerische Maskerade zerbricht in dem Moment, in dem mich jemand durchschaut und erkennt. Das ist es, was ich fürchte. Und das ist es, was Paulus meint – wir haben es in der biblischen Lesung gehört: Wir werden von Gott durchschaut.
Für den Apostel hat das erstaunlicherweise nichts Bedrohliches, sondern etwas Befreiendes. Er setzt seine Hoffnung darauf: Es gibt jemanden, der mich begreift. Ich verstehe mich zwar oft selbst nicht, bin ausgeliefert dem, was in mir hochkocht oder in sich zusammensackt. Doch einen gibt es, der kann das alles nachvollziehen. Der kennt meine Geschichte bis ins Detail. Der kann genau erklären, wie ich geworden bin. Für den bin ich folgerichtig, in dessen Augen ist es ganz plausibel, was ich bin und was ich tue. Einen gibt es, bei dem habe ich Recht und Raum, der zu sein, die zu sein, die ich bin. Klassisch theologisch ausgedrückt: In Gottes Augen habe ich recht. Ich bin gerechtfertigt allein aus seiner Gnade.
Das Vertrauen darauf ist der Kern des christlichen Glaubens. Es kann mein Leben völlig umkrempeln. Weil Gott Ja zu mir sagt, habe ich den Mut, mich selbst zu bejahen und zu mir selbst zu finden. Die Liebe Gottes ist der Vertrauensvorschuß, der mir hilft, mich selbst anzusehen, und zu sein, wie ich bin. Wenn ich von dieser Liebe her lebe, kann ich meine Masken fallenlassen. Ich brauche sie nicht mehr.
Also sammeln wir unsere Masken jetzt ein.

Einsammeln der Masken

Konfirmanden oder Jugendliche sammeln die Masken der Gottesdienstteilnehmer ein.

Nachgehakt: Völlig ohne Masken?

Wenn in diesem Gottesdienst alle Masken eingesammelt werden, muß ich auch meinen Talar ausziehen (*Prediger/ Predigerin zieht den Talar aus.*) Denn er ist eine typische Amtstracht, hinter der sich die, die sie tragen, verstecken können. Es ist erstaunlich, daß die Kirche ihren Pfarrerinnen und Pfarrern vorschreibt, eine Uniform zu tragen und allsonntäglich in einer düsteren Maskerade vor der Gemeinde zu stehen. Wo bleibt da die

Aufrichtigkeit gegenüber Gott und den Mitmenschen, wie Jesus sie vorgelebt hat? Lange Zeit habe ich den Talar wegen dieser Bedenken geringgeschätzt. Aber als ich zum erstenmal selbst auf die Kanzel mußte, war das schwarze Stück eine unentbehrliche Entlastung. Innerlich war ich aufgewühlt, glühte vor Lampenfieber. Als ich am Altar stand und beten mußte, zitterten mir die Knie vor Anspannung. Niemand hat es gemerkt. Der Talar hat alles verdeckt und mich geschützt.
Leben ohne Maske hätte bedeutet: Laß die anderen doch sehen, daß dein Herz flattert! Gib doch zu, wie dir zumut ist! Aber dazu hatte ich einfach nicht den Mumm, nicht das nötige Selbstbewußtsein. Man könnte auch sagen: Nicht den nötigen großen Glauben.
Das ist bis heute so geblieben. Ich weiß nicht, wie es Ihnen geht, aber mein Selbst- und Gottvertrauen ist bei weitem nicht so ausgeprägt, daß ich auf *alle* Masken verzichten könnte. In Situationen, wo ich mich unsicher fühle, brauche ich etwas, wohinter ich mich zurückziehen kann. Aber ich hoffe und vertraue darauf, daß Gott, wenn er zu uns Ja sagt, auch dazu Ja sagt, daß wir unsere Fassaden hier und da noch benötigen – einfach um uns vorübergehend in Sicherheit zu bringen.
Und ich hoffe, daß mein Glaube wächst. Daß ich – je länger je mehr – Masken fallenlassen kann, meine Unsicherheiten und Schwächen vor meinen Mitmenschen nicht mehr überspielen muß. Daß ich sie vor *Gott* nicht überspielen kann, daß er mich sieht wie ich bin, steht außer Frage. Der Psalm 139, den wir nun im Wechsel beten, erinnert daran.

Gebetet: Psalm 139 im Wechsel

Herr, Du erforscht mich und du kennst mich.
Ich sitze oder stehe auf, so weißt Du es.
        Du verstehst meine Gedanken von ferne.
        Du siehst alle meine Wege.
Kein Wort ist auf meiner Zunge,
das Du, Herr, nicht schon wüßtest.
        Dir war es nicht verborgen,
        als ich heranwuchs im Leib meiner Mutter.
Deine Augen sahen mich schon,
als ich noch nicht gezeugt war.
        Du kennst mich von Anfang der Welt,
        und alle meine Tage sind in dein Buch geschrieben.

Erforsche mich, Herr, und erkenne mein Herz.
Schau hinter meine Masken und erkenne, wie ich es meine.
Herr, prüfe Du, ob ich auf bösem Wege bin,
und leite mich auf ewigem Wege.

Fürbittgebet

Spr. 1: Herr unser Gott, Du erkennst uns bis auf den Grund und nimmst uns an, wie wir sind. Du weißt, was wir brauchen, noch ehe wir es erbitten. Trotzdem kommen wir nun zu Dir, beten und bitten:
Alle: Herr, erhöre uns!

Spr. 2: Ganz ohne Masken kommen wir nicht aus. Wir müssen Regeln beachten, Normen und Konventionen. Wer alle Masken fallen läßt, stößt andere leicht vor den Kopf.
Spr. 1: Daß wir mit unserer christlichen Freiheit barmherzig umgehen und behutsam von deiner Liebe weitergeben – darum bitten wir Dich und rufen:
Alle: Herr, erhöre uns.

Spr. 2: Wir bitten Dich für das Zusammenleben zwischen Ausländern und Deutschen in unserem Land. Hilf uns, daß wir im anderen nicht nur die Maske des Fremden anstarren, sondern das Gesicht des möglichen Freundes von morgen erkennen. Wir kommen zu Dir, beten und bitten:
Alle: Herr, erhöre uns.

Spr. 1: Wir bitten Dich für die Kriegsparteien in der ganzen Welt; bitten Dich für alle, die meinen, sie müßten kämpfen, um zu ihrem Recht zu kommen.
Spr. 2: Hilf ihnen, daß sie im Gegenüber nicht nur die Fratze des Feindes erkennen, sondern den möglichen Nachbarn von morgen. Wir kommen zu Dir, beten und bitten:
Alle: Herr, erhöre uns.

Spr. 1: Wir bitten Dich für alle, die zu Karneval eine Maske aufsetzen. Daß unser Lachen echt und unsere Fröhlichkeit ungekünstelt ist. Daß wir hinter den vielen Verkleidungen ebensovielen Menschen begegnen. Wir kommen zu Dir, beten und bitten:
Alle: Herr, erhöre uns.

Spr. 2: Ganz ohne Masken können wir nicht leben, Herr. Unser Glaube ist klein. Die Welt, die uns umgibt, ist unüberschaubar und wild.

Spr. 1: Aber einst, am Ende der Tage, wird alles Versteckspiel aufhören. Im Licht Deiner Liebe werden wir bis auf den Grund erkennen – so wie wir erkannt werden. Darauf hoffen wir, kommen zu Dir und rufen:

Alle: Herr, erhöre uns.

Zum Mitnehmen: Masken

Am Ausgang erhalten die Teilnehmerinnen und Teilnehmer eine Maske zurück.

Der Gott der kleinen Webfehler

Familiengottesdienst in der Passionszeit

Symbol: Stoffdeckchen mit Kreuzmuster

Anmerkungen zu Vorbereitung, Planung und Verlauf

Das **Symbol** für diesen Gottesdienst ist ein etwa 6 × 8 cm großes Deckchen aus grob gewebtem Stoff, dem ein **Webfehler** zugefügt wird: Von links nach rechts und von oben nach unten wird je ein Faden herausgezogen. Die beiden leeren Reihen überschneiden sich und bilden ein Kreuz. Brauchbare Stoffreste findet man bei einer Änderungsschneiderei. Beim Zuschnitt und beim Herausziehen der Fäden ist ein Kreis aus der Gemeinde zur Hilfe bereit.
Es bietet sich an, den Beitrag *Nachgefragt: Mich einbinden oder ich selbst bleiben?* an einem Webrahmen anschaulich zu gestalten. Vielleicht hilft eine Pädagogin aus Grundschule oder Kindergarten. Wird im Gottesdienst eine Taufe gefeiert, so läßt sich der Beitrag mit wenigen Sätzen zur Taufansprache ausbauen.
Thema und Texte passen in die Passionszeit, man kann den Gottesdienst jedoch ohne inhaltlichen Verlust auch in der ungeprägten Kirchenjahreszeit feiern.
Die Überschrift dieses Entwurfs ist der Titel eines Prosabandes von Mascha Kaléko.

Verlaufsplan

Klärungen
Nachgedacht: Das Netz des Lebens
Kanon: Ausgang und Eingang (EG 175)
Im Wechsel gebetet: Nach Psalm 104
Biblische Lesung: In ihm leben und weben und sind wir (nach Apostelgeschichte 17,24–28)

Rede und Antwort
Nachgefragt: Mich einbinden oder ich selbst bleiben? (Taufansprache mit Webrahmen)
Lied: Friedensnetz (Text und Noten in Bd. 1, Wenn Steine sprechen, S. 74 und 75)
Zwischenruf: Ein Gott der Fehler?
Lied: Gott liebt diese Welt (EG 409,1.2.4.6.8)

Teilhabe und Gemeinschaft
Erzählt: Die Geschichte von den Kleidern Gottes
Zum Meditieren und Mitnehmen: Stoffdeckchen mit Webfehler

Zurück in den Alltag
Kanon: Ausgang und Eingang
Fürbittgebet
Vaterunser
Segen

Texte

Nachgedacht: Das Netz des Lebens

Spr. 1 *(eventuell der Kantor, die Kantorin)*: Wenn man aus großer Höhe auf unsere Stadt hinunterschaut oder auf irgendeine andere, dann sieht sie aus wie ein feingesponnenes Gewebe aus Straßen, Häusern und Wegen. Nichts an diesem Gewebe ist regelmäßig, nichts ist eckig oder quadratisch, kaum etwas hat den gleichen Abstand. Und doch ist es ein sinnvoller Plan.
Spr. 2: Wenn auf dem Hof einer Grundschule alle I-Dötzchen in der Pause auf ihrem Weg einen Wollfaden abwickeln würden, egal ob sie Fangen spielen oder etwas anderes – so läge über dem Schulhof bald ein dichtes Netz aus Fäden. Wenn alle Menschen überall das gleiche täten, ergäbe sich daraus ein unendliches Gewirr aus Fäden und Verbindungen, das sich wie ein Netz um den ganzen Erdball legte.
Spr. 1: Das Netz der Spinne. Die Waben der Bienen. Das Muster des Windes auf stillfließendem Wasser – wohin wir auch sehen: Leben und Weben.
Selbst in der mikroskopisch kleinen Welt der Moleküle herrschen die Gesetze aus Kommen und Gehen, Anziehen und Abstoßen und Sich-Durchdringen. Auch wir, Sie und ich, bestehen medizinisch gesehen größtenteils aus Gewebe.
Spr. 2: Und alles funktioniert. Eines hängt mit dem anderen zusammen, das Nächste ist auf irgendeine Weise mit dem Fernsten verbunden, alles greift ineinander und hängt voneinander ab. Leben und Weben – für dieses Wunder haben die Menschen Gott zu allen Zeiten gedankt.
Spr. 1: Gedankt mit Liedern, die mit ihrer Musik Leben und Weben zum Ausdruck bringen. Der Kanon, den wir heute morgen singen, ist so etwas wie ein gewebtes Lied: Jede Stimme ist ein Faden. Die Stimmen verschlingen sich ineinander, verknoten sich, durchdringen sich und lösen sich schließlich wieder auf. Einen solchen Liedteppich zu weben ist nicht einfach. Wir lernen dazu erst einmal den Melodiefaden:

Im Wechsel gebetet: Nach Psalm 104

Herr, wie sind Deine Werke so groß und soviel!
Du hast sie alle weise angeordnet.
    Herr, mein Gott, Du bist herrlich und prächtig geschmückt.
    Aus Licht gewebt ist das Kleid, das Du anhast.
Wie ein dichtes Netz hast Du Wege über die Erde gelegt.
Du breitest den Himmel aus wie einen Teppich
und gründest das Erdreich auf festem Boden.
    Ein Pfad findet sich in der Wüste
    und ein Steg über dem Abgrund.
Du feuchtest die Berge von oben her
und machst, daß Früchte wachsen auf den Bäumen.
    Mensch und Vieh warten auf Dich,
    daß Du ihnen Speise gibst zur rechten Zeit.
Deine Herrlichkeit währt von Ewigkeit zu Ewigkeit,
und Deine Gnade bleibt bei denen, die zu Dir rufen.

Biblische Lesung nach Apostelgeschichte 17,24 ff.

Gott, der die Welt gemacht hat und alles, was darin ist, ist der Herr des Himmels und der Erde. Er wohnt nicht in Tempeln, die mit Händen gemacht sind. Auch läßt er sich nicht von Menschenhänden bedienen, wie einer, der etwas nötig hätte. Denn er selbst hat doch jedermann Leben und Atem und alles gegeben. Und er hat aus einem Menschen das ganze Menschengeschlecht hervorgehen lassen, damit sie die ganze Erde bewohnen. Gott alleine weiß, wie lange sie bestehen sollen und in welchen Grenzen sie wohnen.

Und sie alle sollen Gott suchen, denn er gibt sich allen Menschen auf irgendeine Weise zu verstehen, ob sie ihn nun fühlen oder sehen oder hören: Sie sollen suchen und finden. Denn fürwahr: Er ist nicht ferne von einem jeden unter uns.

So sagen es auch die Weisen und Gelehrten aus allen Völkern: Wir sind gemacht zu seinem Ebenbild. In ihm leben und weben und sind wir alle Zeit und an jedem Ort.

Nachgefragt: Mich einbinden oder ich selbst bleiben

Kaum daß ein Kind geboren ist, taucht schon ein Problem auf, das in veränderter Form das ganze Leben lang wiederkehrt: Inwieweit hat dieses kleine Wesen ein Recht darauf, ein eigener Mensch zu sein? Genauer gefragt: Wie weit geht dieses Recht?
Soll er sich beim Stillen an feste Zeiten halten? Oder richtet sich die Mutter in erster Linie nach seinen Bedürfnissen? Wie weit darf ein Kind seinen Kopf durchsetzen? Wie weit muß es lernen, sich einzufügen? Entfaltet sich seine Persönlichkeit, wenn man ihm Raum läßt? Oder wird sie stabiler, wenn man ihm Widerstand entgegensetzt?
So ein Mensch – ob frisch geboren oder erwachsen – ist wie ein Faden in einem fein gewebten Stück Stoff. *(Webrahmen mit gespannten Kettfäden und einigen gewebten Schußreihen hochhalten)* Natürlich: Jeder Faden muß sich anpassen. Muß seinen Weg zwischen den Kettfäden hindurch finden. *(Mit dem Webschiffchen eine oder mehrere Bahnen gut sichtbar weben)* Fädelt sich ein. Windet sich. Läßt sich einfügen. Hat dabei oft enge Berührung mit anderen Fäden. Hält zu dem einen Abstand. Reibt sich am anderen. Schmiegt sich an. Aber eins tut dieser Faden nie: *(Faden hochhalten)* Er wechselt nicht seine Farbe. Er ordnet sich ein. Er ordnet sich unter. Aber er behält seine unverwechselbare Eigenart.
Nur so entsteht überhaupt ein Muster. Aus grauem Einheitsgarn wird grauer Stoff. Aus Menschen, die den Mut haben, bunt zu sein und zu bleiben, wie sie sind, und sich trotzdem anbinden und einbinden lassen in das Leben und Weben – entsteht der bunte Teppich, den Gott über die Erde breitet und von dem wir im Psalm 104 gehört haben.
Gott nimmt jeden einzelnen von uns als einzigartiges Wesen an. Er ruft uns hinein in die Gemeinschaft, webt jeden einzelnen von uns sozusagen hinein in einen Rahmen. Solange ich nur am eigenen Netz arbeite, kommt nichts Haltbares dabei heraus. Lasse ich mich einbinden und knüpfe an die Gemeinschaft an, zu der ich gehöre, so kann das Friedensnetz entstehen, das unser nächstes Lied besingt.

Zwischenruf: Ein Gott der Fehler?

Der Gott der kleinen Webfehler ... ist Gott wirklich ein Gott der Fehler? Sind Fehler nicht vielmehr Menschensache und Gott ist der Gott der Ordnung, der reibungslosen Abläufe? So lesen wir es in dem Psalm dieses Gottesdienstes: Herr, wie sind Deine Werke so groß und soviel! Du hast sie alle weise angeordnet.

Ich glaube trotzdem, es ist umgekehrt. Die Welt um uns her, die Schöpfung Gottes, ist etwas unberechenbar Lebendiges, nach menschlichem Ermessen sogar etwas Chaotisches. Wir Menschen versuchen, in dieses Gewirr hier und da unsere Ordnungen hineinzubringen. Wir leiten Gesetze ab, nach denen die Natur funktionieren soll. Wir legen ein imaginäres Koordinatennetz rund um den Globus, mit dessen Hilfe wir jeden einzelnen Punkt auf der Erde bestimmen können. Wir messen und berechnen den Weg der Gestirne am Himmel. Wir erfassen und zählen die Gene im Erbgut der Lebewesen. An alles legen wir eine Norm an, ein Raster, ein Maß. Für unseren begrenzten Verstand muß sozusagen alles in Rechenkästchen passen. Dann erst können wir es handhaben, können damit umgehen, sind Herr darüber.

„Machet Euch die Erde untertan."

Die Bibel wertet unsere Art, mit der Schöpfung umzugehen, nicht einmal ab. Die Menschheit hat sich auf diese Weise viele Erleichterungen verschafft, technische Errungenschaften, um die uns die Menschen aller Zeiten beneidet hätten, wenn sie sie nur hätten sehen dürfen: Das elektrische Licht, das Automobil, Radio und Fernseher, der Computer zuletzt. Doch alle diese Maschinen arbeiten im Grunde nach dem Rechenkästchenprinzip. Die Motoren rotieren im Viertakt, die Musik im Radio kommt digital, die Computer rechnen im Dualsystem. Es scheint: Je mehr Dinge die Menschheit unter das Mikroskop gelegt und seziert hat, je mehr sie erforscht und in Rechenkästchen packen konnte, desto weiter schreitet das voran, was wir Zivilisation nennen.

Diese Ordnung, die der Mensch ins vermeintliche Chaos der Schöpfung bringt, hat allerdings immer etwas Starres, etwas Statisches. Wäre die Schöpfung so gemacht, daß sie exakt in die Normen hineinpaßte, die der Mensch anlegt, wäre sie leblos und starr.

Sie ist aber unausrottbar lebendig.

Diese Lebendigkeit verdankt sie den kleinen Fehlern.

Den Unberechenbarkeiten. Dem, was nicht in die Rechenkästchen paßt, weil es sich dem Zugriff der Menschen beharrlich entzieht. Kleinste Unregelmäßigkeiten nur – aber sie bringen ganze Systeme zum Wanken und lassen die Gebäude unserer beschränkten Vorstellung wie ein Kartenhaus zusammenfallen. „Die Weisheit der Weisen hat Gott zur Torheit gemacht", schreibt Paulus in seinem Brief an die Gemeinde in Korinth. Es sind die kleinen Fehler, mit denen Gott sich als Herr der Schöpfung erweist. Es sind die Webfehler, die das Muster dieser Welt bunt machen, und die Weltgeschichte spannend.

Diese Webfehler allerdings sind es auch, die Schmerz und Leiden verursachen.

Daß Gott auch der Herr über mein Leben ist, merke ich an dem, was mir in die Quere kommt. Nicht an dem, was perfekt läuft. Nicht an dem, was reibungslos klappt und mit meinen Plänen übereinstimmt. Mein Leben gehört einem anderen – das merke ich an den Störungen. Tatsächlich: An dem, was mir wehtut, an dem, was mir Leid verursacht.

Zieht man aus einem gewebten Stück Stoff zwei Fäden heraus *(an einem vorbereiteten Stück Stoff demonstrieren)*, so entsteht ein Kreuz.
Das Kreuz ist sozusagen das Symbol für die Webfehler unseres Daseins. Symbol für alles Schwierige und Schwere. Symbol auch dafür, daß Gott nicht unberührt über den Menschen thront und ihre Kreise mit seiner Überlegenheit stört. Das Kreuz: Symbol dafür, daß Gott sich mitten in die Welt hineinstellt und unter ihren Unvollständigkeiten, ihren großen und kleinen Webfehlern ebenso leidet wie wir.

Erzählt: Der Gott der kleinen Webfehler

Es war zu der Zeit, als Gott der Herr noch auf Erden wandelte, um seine Schöpfung zu begutachten und zu sehen, wie es um die Menschen bestellt sei. Da begegnete ihm auf dem Weg nahe bei einer Stadt ein Mann, der grüßte ihn freundlich, musterte ihn aber im Vorbeigehen von oben bis unten und schaute sich gar nach ihm um. Zuletzt faßte er sich ein Herz, holte ihn bei der Wegbiegung ein und sagte: „Herr, verzeih, wenn ich es wage, zu dir zu sprechen. Das Gewand, in das du dich kleidest, schickt sich nicht für deine Heiligkeit. Es ist dürftig gearbeitet und schon abgetragen."
Gott der Herr sah ihn an und erkannte die eifrige Schneiderseele in der Brust des Begleiters. „Was meinst du, soll ich tun?" fragte er.
„Wenn es dir recht ist, Herr, will ich alle Schneider der Zunft bitten, ein Kleid für dich zu nähen. Das, was deiner Hoheit am meisten zusagt, sollst du nehmen und behalten."

So kam es, daß sich am verabredeten Tag in der Stadt die tüchtigsten Schneider des Landes einfanden. Sie alle brachten eine Truhe mit oder eine lederne Tasche. Darin waren die fertigen Gewänder.
Gott schaute sie der Reihe nach an. Eines war aus silbernen Fäden gewebt. Ein anderes mit goldenem Faden genäht. Wieder ein anderes war mit feinen Stickereien verziert. Gott lobte die Kunstfertigkeit der Schneider und ihre Frömmigkeit, daß sie für ihn eine solche Mühe auf sich genommen hatten. Aber immer, wenn jemand es unternahm, ihn zu fragen: „Herr, ist es dieses Gewand, das dich in Zukunft kleiden soll?" –

antwortete er: „Nein. Es ist prächtig und fein gearbeitet. Aber es paßt nicht zu mir."
Schließlich kam aus einer fernen Stadt ein Schneider, der war so alt und zittrig, daß seine Finger die Nadel kaum halten konnten. Er brachte ein Kleid aus weißem Linnen, und als Gott es ausbreitete, bemerkte jeder die fehlerhafte Stelle, die der Stoff am Saum aufwies. Das Geld des Alten hatte für einen besseren Stoff nicht gereicht.
„Oh Herr!" kaum jemand wagte, die Frage zu stellen. „Ist es dieses Gewand, das deinem Willen entspricht?"
„Ja", sagte Gott. „Dieses Kleid paßt zu mir. Es ist das richtige für mich."
Und als er die verwunderten Gesichter der Umstehenden sah, legte er seinen Finger auf den Webfehler am Saum und sprach: „Denn ich bin der Gott, der barmherzig ist mit den Schwächen der Menschen und den Fehlern aller Kreatur. Das geknickte Rohr will ich nicht brechen und den geflickten Stoff nicht zerreißen."

Zum Meditieren und Mitnehmen: Stoffdeckchen mit Webfehler
Kinder verteilen die Stoffdeckchen in den Reihen.

Fürbittgebet

Spr. 1: Herr unser Gott, wir staunen über die Muster, aus denen unser Leben gewebt ist. Über die Umwege, die unser Schicksal nahm, über seine Folgerichtigkeit. Wir wissen, daß Du uns nicht am Leid vorüberführst.
Spr. 2: Wir bitten: Führe uns hindurch, gib uns die Kraft, die wir brauchen, und die Hoffnung auf glückliche Tage. Wir bitten:
Alle: Herr, erhöre uns.

Spr. 1: Vieles von dem, was in diesen Tagen passiert, verstehen wir nicht. Menschen werden mit einemmal und viel zu früh aus dem Leben gerissen. Und erst wenn sie nicht mehr sind, erkennen wir, wieviel sie uns bedeuten.
Spr. 2: Wir bitten: Hilf uns, einander zu *Lebzeiten* die Liebe und Zuneigung zu zeigen, die wir füreinander empfinden. Wir bitten:
Alle: Herr, erhöre uns.

Spr. 1: Die Schöpfung ist durchsetzt mit kleinen und großen Webfehlern, oft verschlimmert durch das, was Menschen verbessern wollten.

Spr. 2: Wir bitten: Breite aus das Reich Deiner Herrschaft, daß diese Erde zur Stätte *Deines* Wirkens werde. Daß in unserer Torheit Deine Herrlichkeit anbricht, in unserer Armseligkeit Dein Reichtum, in unserer Ratlosigkeit Dein Friede. Wir bitten:

Alle: Herr, erhöre uns.

Ein neues Lied

Familiengottesdienst am Sonntag Kantate

Symbol: Klangplättchen

Anmerkungen zu Planung, Vorbereitung und Verlauf

Das **Symbol** dieses Gottesdienstes ist der **richtige Ton**: das metallene Klangplättchen eines Glockenspiels. Glockenspiele sind im Spielwarengeschäft erhältlich (Schulinstrumente aus dem Musikgeschäft sind erheblich teurer). Benötigt man eine größere Anzahl, empfiehlt es sich, sie zwei bis drei Wochen vorher zu bestellen.
Der Prozeß der Demontage ist mühsam: Die Klangplättchen werden von den Instrumenten abgerissen. Durch die eingestanzten Löcher zieht man einen dünnen Faden. Auf diese Weise hängen die einzelnen Plättchen frei und geben einen ungedämpften Ton von sich. Für eine größere Anzahl von Teilnehmern verursacht die Bereitstellung der Klangplättchen relativ hohe Kosten (ein Glockenspiel à 11 Töne kostet 14,95 DM). Wenn nötig, kann man sich beim Verteilen im Gottesdienst beschränken (nur Kinder; pro Familie eines etc.). Weitere im Gottesdienst benötigte Utensilien: Triangel, Holz-Klangstab; Blockflöte; intaktes Glockenspiel.
Der Verlaufsplan sieht an verschiedenen Stellen eine Darbietung des Kirchenchores vor. Natürlich kann man ihn auch anders und mit anderen Beiträgen plazieren. Wo kein Chor singt, füllt die Gemeinde mit zusätzlichen Liedern die Lücke.
Die Geschichte *Wahl des Häuptlings* erweckt den Anschein dokumentarischer Glaubwürdigkeit, ist aber frei erfunden.

Verlaufsplan

Klärungen
Gesucht: Das schönste Instrument
Chor: Singet dem Herrn ein neues Lied
Im Wechsel gebetet: Psalm 98 (EG 742)
Erklärt: Singesonntag
Lied: Alle Vögel sind schon da
Gebetet: Die Vögel preisen dich mit ihrer Stimme
Versorgen: In jedem Menschen eine Melodie (Vorschlag zur Taufansprache)
Chor: Indianische Folklore

Rede und Antwort
Erzählt: Die Wahl des Häuptlings
Kanon: Es tönen die Lieder
Von einem, der den richtigen Ton trifft – biblische Lesung nach 1. Samuel 16
Zwischenruf: Harmonieprobleme
Teilhabe und Gemeinschaft

Lied: We shall overcome …
Zum Meditieren und Mitnehmen: Der richtige Ton
Lied: Du meine Seele, singe (EG 302)

Zurück in den Alltag
Fürbittgebet
Vaterunser
Chor: Segenslied
Segen
Lied: Geh aus, mein Herz (EG 503,1.2.3.8)

Texte

Gesucht: Das schönste Instrument

Spr. 1: *(Bildet mit den Händen einen Hohlraum und bläst zwischen die Daumen, so daß ein Ton entsteht.)* Das ist – wenn man so will – ein Musikinstrument, das man immer bei sich hat.

Spr. 2: Ich habe aber zwei Musikinstrumente bei mir, die viel schönere Musik machen. Dieses hier *(Triangel anschlagen)*. Und dieses *(Klangstab anschlagen)*.

Spr. 1: Aber die machen ja bloß einen Ton! Das ist langweilig. Hier, mein Glockenspiel. Das spielt richtige Melodien. Hör mal *(Tonfolge auf Glockenspiel anschlagen)*. Oder meine Flöte. Die klingt fast noch schöner *(kurze Tonleiter auf der Flöte)*!

Spr. 2: Aber Flöte und Glockenspiel muß man spielen lernen, um Musik zu machen. Dann würde ich lieber Klavier lernen. Das hat viel mehr Töne (streicht mit dem Finger über die Tastatur). Oder die Orgel. Die hat noch mehr. Sieh mal, die vielen Pfeifen!

Spr. 1: Bloß: Orgel und Klavier kann man nicht überall hin mitnehmen. Wenn man zum Beispiel auf einer langen Autofahrt Musik machen will, sind sie unpraktisch.

Spr. 2: Für diese Fälle gibt es ein Instrument, das hat man immer dabei. Und das muß man eigentlich gar nicht lernen. Es spielt sich wie von selbst.

Spr. 1: Welches denn?

Spr. 2: Rate mal. Du hast es immer dabei und es ist das schönste von allen. Finde ich jedenfalls.

Spr. 1: Das schönste von allen? Was kann das für eins sein?

Spr. 2: Wißt ihr, was für eins es ist?

(Läßt die Kinder raten. Gemeint ist die Stimme.)

Spr. 1: Heute ist der Sonntag Kantate, der Singesonntag der Kirche. Und in unserem Familiengottesdienst sind welche zu Besuch, die üben jede Woche, wie man mit der Stimme so umgeht, daß es besonders schön klingt. Hört einmal zu.

(Es singt der Chor.)

Erklärt: Singesonntag ...

Kantate. Kantate ist ein lateinisches Wort und heißt übersetzt: Singt! Es ist eine Aufforderung – nicht nur an die Menschen, sondern an alles, was lebt, eine Aufforderung an alle Kreatur, zu singen, damit Gott sich daran freuen kann. Und das gilt natürlich nicht nur für Kirchenlieder. Wenn man in dieser Jahreszeit einmal früh und etwas abseits der Straßen durch den noch kühlen Morgen spaziert, dann hört man, daß die Natur dieser Aufforderung tatsächlich folgt und die besten Sänger aufbietet. Zur Freude Gottes. Und zur Freude der Menschen.

Alle Vögel sind schon da

Alle Vögel sind schon da, alle Vögel, alle.
Welch ein Singen, Musizier'n, Pfeifen, Zwitschern, Tirilier'n:
Frühling will nun einmarschier'n, kommt mit Sang und Schalle.

Wie sie alle lustig sind, flink und froh sich regen.
Amsel, Drossel, Fink und Star und die ganze Vogelschar
wünschen uns ein frohes Jahr, lauter Heil und Segen.

Was sie uns verkünden nun, nehmen wir zu Herzen:
Wir auch wollen lustig sein, lustig wie die Vögelein,
hier und dort, feldaus, feldein, singen, springen, scherzen.

Gebetet: Die Vögel preisen dich mit ihrer Stimme

Herr unser Gott –
die Vögel preisen Dich mit ihrer Stimme, der Wind mit seinem Brausen, der Wald mit seinem Rauschen, das Meer mit dem unablässigen Schlag der Wellen.
Und wir?

Wir Menschen lernen, Noten zu lesen. Wir üben jahrelang, bis wir ein Instrument beherrschen. Unser Chorgesang folgt strengen Regeln. Auf Kassetten und CDs ist Musik zur Massenware geworden.
Ach Gott – wir haben verlernt, auf den Klang der Melodien in unserem Herzen zu hören. Wir haben verlernt, Dich mit unserer ureigenen, unverwechselbaren Melodie zu preisen. Wir bitten Dich: Bring zur Ruhe, was noch in uns lärmt. Rühr eine Saite in uns an. Bring Dein Wort in unserer Seele zum klingen, wenn Du nun zu uns sprichst.

Amen

Versorgen: In jedem Menschen eine Melodie
(Vorschlag zur Taufansprache)

Jeder Tag hat seine eigene Musik. Und jedes Menschenkind wird mit seiner eigenen Melodie geboren. Der Melodie, die es im Laufe seines Lebens in das große Orchester der ganzen Schöpfung einbringt. Die ganze Schöpfung ist von Musik durchdrungen, ist wie eine riesengroße Komposition, die in den Ohren Gottes klingt. Ein großes Werk, in dem keine Stimme fehlen soll, denn die Musik auf dem Grunde eines jeden von uns hat etwas Unverwechselbares.
Natürlich darf auch NN's Stimme nicht fehlen. Wenn wir sie heute taufen, dann schreiben wir ihre Melodie sozusagen in die Partitur ein, das große Buch, in der die Melodie eines jeden Menschen aufgeschrieben steht.

Erzählt: Die Wahl des Häuptlings

Habt ihr eure Stimme mitgebracht?
Wir probieren es einmal aus. Überlegt euch einmal einen Ton – nur im Kopf. (Stille)
Und nun legt ihr den Ton ganz still und heimlich in euren Mund, ohne daß man etwas hört. Ihr bereitet alles vor. Formt mit der Zunge und dem Rachen einen Hohlraum. Die Lippen bleiben geschlossen. Und laßt jetzt den Ton ganz sacht in den Mund strömen. Jeder hat seinen eigenen Ton und bleibt bei seinem eigenen Ton.
Nun etwas lauter. Und noch lauter. Der Mund bleibt die ganze Zeit geschlossen. Jetzt ganz laut.
Und wieder leise.
Und leiser.

Bis der Ton einschläft.

(Nach einem Moment der Stille:)

Im Jahre 1726 kehrt der englische Missionar Cyrill Frame von einer Missionsreise durch den damals noch völlig unerforschten Westen des nordamerikanischen Kontinents zurück. Von einem Indianerstamm hoch im Norden berichtet er folgendes:
Ich fand dort einen merkwürdigen Brauch vor. Jedes Jahr, zehn Tage nach dem ersten Frühjahrsvollmond, wählt dieser Stamm einen neuen Häuptling. Die Frauen bauen dann aus Fellen und Stöcken ein riesiges Tipi, ein Zelt, so hoch und groß wie eine Kapelle. In dieser Halle aus Fell versammeln sich, wenn die Sonne am höchsten steht, die Männer, die schon mindestens eine Tochter oder einen Sohn gezeugt haben. Sie versammeln sich schweigend. Auf ein vereinbartes Zeichen schlägt jeder von ihnen einen eigenen Ton an. Diesen Ton summen sie nun in einem fort. Sie halten den Mund geschlossen, gehen umher mit ernsten Gesichtern, schauen sich gegenseitig an oder schauen zu Boden und geben durchgehend diesen einen Ton von sich – jeder Mann seinen Ton.
Anfangs ist im Zelt ein Wirrwarr von Tönen zu hören. Doch mit der Zeit ordnet sich der Klang. Die Unerfahrenen oder Schüchternen geben ihren Ton als erste auf. Hier und da bilden sich kleine Grüppchen, die sich summend, ohne zu sprechen, auf einen Ton einigen. Doch noch immer ist alles in Bewegung, durchdringt sich, stimmt sich aufeinander ein, stimmt sich gegenseitig um, schweigend, summend, mit großem Ernst, ohne alle Feindseligkeit.
Oft dauert ein solcher Wettstreit bis weit nach Sonnenuntergang. Häuptling wird schließlich derjenige, dessen Ton über die anderen triumphiert. Besser gesagt, auf dessen Stimme alle anderen sich eingestimmt haben. Aus der Wahl, der ich beiwohnen durfte, ging ein unscheinbarer, kleiner Mann als Sieger hervor, der über eine überaus wohltönende Stimme verfügte. Die Ältesten berichteten mir später, so halte es der Stamm seit Menschengedenken, und stets habe er in Harmonie untereinander und in Eintracht mit seinen Nachbarn gelebt.
Die Wahl wird dann mit einem nächtlichen Frühjahrsfest begangen, wobei man dem Büffelfleisch, aber mehr noch dem vielstimmigen Gesang zuspricht, der in diesem Stamm mit großer Sorgfalt gepflegt wird.

Kanon: Es tönen die Lieder

Von einem, der den richtigen Ton trifft – biblische Lesung nach 1. Samuel 16

Der Geist Gottes wich von Saul, weil Saul Gott ungehorsam geworden war. Ein böser Geist ergriff von ihm Besitz und ängstigte ihn.
Da sprachen die Ratgeber des Königs zu ihm: Lasse doch einen Mann suchen, der die Harfe zu spielen versteht, damit er darauf musiziere, wenn du wieder jähzornig wirst. Wenn du die Musik hörst, beruhigt sie dich vielleicht.
Da sprach Saul: Seht euch um nach einem Mann, der des Saitenspiels kundig ist, und bringt ihn zu mir.
Da antwortete einer der jungen Männer und sprach: Ich kenne einen, David heißt er. Er ist fast noch ein Kind, aber verständig und hübsch anzusehen. Da ließ Saul David aus Bethlehem an seinen Hof holen.
Und Saul gewann ihn lieb, denn sooft es Saul übermannte und er in seinem Palast tobte und schrie, nahm David die Harfe und spielte darauf. Dann wurde es Saul leichter ums Herz, es wurde besser mit ihm, und der böse Geist wich von ihm.

Zwischenruf: Harmonieprobleme

Saul ist aus der Harmonie geraten.
Aus der Harmonie mit Gott. Die Bibel sagt: Er ist Gott ungehorsam gewesen. Deshalb ist der Geist Gottes von ihm gewichen. Und mit einemmal ist nichts mehr, wie es war. Der charismatische König, der aufgrund seines Erscheinungsbildes aus allen Stämmen Israels ausgewählt worden war, ist nur noch ein Schatten seiner selbst. Seine vorher so erfolgreiche Taktik, seine Kriege, seine Feldzüge – nichts klappt mehr. Nichts fügt sich mehr ein in den Gang der Geschichte. Überall Widerstand. Überall Reibungsverluste. Überall Mißklang. Seine einst so erfolgreiche Politik ist nicht mehr als ein dissonantes Klimpern auf der Klaviatur der Macht.
Saul spürt das. Er, der früher pfeifend durch die Gemächer seines Palastes strich, wird vom Jähzorn gepackt, tobt und schreit in ungebremster Wut – von einem Augenblick auf den anderen. Er kann es sich selbst nicht erklären.
Seine Ratgeber verstehen. Sie begreifen, daß es sich um ein Harmonieproblem handelt, und greifen zu einem überraschenden Heilmittel: der Musik. Der König braucht einen Flötenspieler. Oder noch besser: einen, der

die Harfe zu streichen versteht. Sie holen ihn an den Hof, den Jüngling aus Bethlehem, von dem noch keiner weiß, daß er selbst einmal König werden wird. Die Bibel beschreibt ihn als hübschen jungen Mann. Wohlgestaltet, von ausbalancierter Rede, in Einklang mit sich selbst und seiner Umgebung. Sein Harfenspiel trifft den richtigen Ton. Rührt in Saul eine Saite an. Die Musik ist tatsächlich eine Medizin, die den geplagten König zur Ruhe bringt. Für einige Zeit wenigstens: Dann brechen die Wutanfälle aufs neue heraus. Mit der Zeit merken die Ratgeber: Das Harfenspiel Davids kann lindern. Heilen kann man den König damit nicht. Die Ursache der Krankheit – die Dissonanz mit Gott und die daraus folgenden Ängste – kann sie ihm nicht nehmen.

Die Welt, die Menschheit ist aus der Harmonie geraten. War sie je in Einklang mit sich selbst? Vielleicht sind die Gründe im Kern die gleichen, wie bei Saul: ungehorsam Gott gegenüber. Vielleicht. Auf dem Balkan tobt ein Krieg wie Saul in seinem Palast. Und die Politiker begreifen, daß es sich um ein Harmonieproblem handelt. Der jugoslawische Diktator läßt singen dort auf den Belgrader Plätzen. Wer singt, während die anderen Bomben werfen, ist moralisch in der besseren Position.
Wirkliche Harmonie, Frieden wird aber erst sein, wenn sie alle gemeinsam singen. Unsere Kinder gemeinsam mit Kindern aus Serbien und Albanien, aus Kroatien, den USA und Großbritannien. Vielleicht bei einem großen Schülertreffen in Skopje, Split oder Srebrenica. Ein Lied, das sie alle können, in einer Sprache, die sie alle teilen. Meinetwegen in Englisch – und keiner fühlt sich mehr daran erinnert, daß das auch einmal die Sprache war, in der die militärischen Kommandos zur Bombardierung erteilt wurden.

We shall overcome
(Fundort: Mein Liederbuch I, Düsseldorf ^{10}1994, Nr. D 15)

Zum Meditieren und Mitnehmen: Der richtige Ton

Der Ton macht die Musik. Aber es ist schwierig, den jeweils richtigen Ton zu treffen. Den, der zu mir paßt, zu meinem Gegenüber, zur Stimmung, zur Situation. Hier auf dem Altar liegen eine ganze Menge Töne. Hohe Töne, tiefe, helle, dunkle, Töne in verschiedenen Farben. Sicher ist auch für Sie einer dabei.
(Die Klangplättchen werden an die Teilnehmerinnen und Teilnehmer verteilt.)

Fürbittgebet

Spr. 1: Herr unser Gott – Du hast uns versprochen, zu hören, wenn wir zu Dir rufen. Daher kommen wir nun zu Dir und bitten:
Herr, erhöre uns.

Spr. 2: Hilf uns, den richtigen Ton zu treffen, wenn wir einander begegnen. Löse die Dissonanzen und Spannungen im Umgang miteinander in klingende Akkorde auf. Wir kommen zu Dir, beten und bitten:
Herr, erhöre uns.

Spr. 1: Wir bitten Dich, daß Leid und Freude anderer Resonanz in uns wecken, daß wir uns gegenseitig in Schwingung versetzen und niemand allein bleibt. Wir kommen zu Dir, beten und bitten:
Herr, erhöre uns.

Spr. 2: Wir bitten Dich für die Menschen, die in sich zerrissen sind und nichts anderes in sich spüren, als grelle Mißklänge. Zeige ihnen ihren Platz im großen Orchester der Schöpfung, an dem sie in Einklang kommen und so sein können, wie sie sind. Wir kommen zu Dir, beten und bitten:
Herr, erhöre uns.

Spr. 1: Wir bitten Dich für alle Menschen: daß wir wieder Grund und Mut zum Singen finden, statt uns mit Musik berieseln zu lasen. Wir bitten Dich für unsere Kinder, daß sie keine Haßparolen lernen müssen, sondern Friedenslieder singen dürfen. Wir kommen zu dir, beten und bitten:
Herr, erhöre uns.

Die Rückkehr der Schwalben

Familiengottesdienst im Frühjahr

Symbol: Papierschwalben

Anmerkungen zu Planung, Vorbereitung und Verlauf

Jedes Frühjahr kennt ein oder zwei Wochen, in denen es scheint, als wolle der Winter nicht enden. Dieser Gottesdienst nimmt vorweg, wonach sich in dieser Zeit viele sehnen: die Rückkehr der Farben, der Sonne, des Singens der Vögel und schließlich die Rückkehr der Schwalben.
Das **Symbol** dieses Gottesdienstes sind aus verschiedenfarbigem Origamipapier gefaltete **Schwalben**. Eine Bauanleitung findet man in Origami- oder Papierbastelbüchern. Das Falten der Papierflieger erfordert einigen Aufwand. Vielleicht ist eine Gruppe aus der Gemeinde behilflich.
Die Passagen zu Beginn (*Erzählt: Eine blaugelbe Schwalbe* ... und *Nachgedacht: Die Vogelperspektive*) wirken für Kinder besonders anschaulich, wenn sie in Form eines Dialogs zwischen Papierschwalbe (auf einer Holzstange befestigt) und Plüschtier (hier vorgeschlagen: ein Rabe) dargeboten werden. Der Kanon *Mein Herz ist bereit* (EG 339) ist relativ schwierig zu lernen, gegebenenfalls ist ein Ansingen vor dem Gottesdienst erforderlich.

Verlaufsplan

Klärungen
evtl. Ansingen
Sehnlich erwartet: Frühlingserwachen
Lied: Alle Vögel sind schon da
Erzählt: Eine blaugelbe Schwalbe kehrt zurück
Gebetet: Ich bin wieder da, Gott
Gebetsruf: Mein Herz ist bereit, Gott ... (EG 339)

Teilhabe und Gemeinschaft
Nachgedacht: Die Vogelperspektive
Zum Meditieren und Mitnehmen: Verteilen der Papierschwalben
Lied: Halleluja (EG 182; *Textvorschlag* s. u.)

Rede und Antwort
Einwand: Eine Schwalbe macht noch keinen Sommer
Im Wechsel gebetet: Psalm 39
Zwischenruf: Gottesurlaub
Biblische Lesung aus Mt. 26,36–46
Lied: Jesu geh voran (EG 391)

Zurück in den Alltag
Fürbitten
Vaterunser
Segen

Texte

Ersehnt: Frühlingserwachen

Manchmal taucht ganz überraschend etwas lange Vermißtes, fast schon Vergessenes wieder auf: Ein vergilbtes Photo zwischen zwei Büchern. Eine Erinnerung aus den Anfangstagen der Kindheit – verbunden mit einem Geruch vielleicht. Das aufregende Gefühl bei einer Umarmung oder einem Kuß, als wäre es der erste.
Ein längst verloren geglaubtes Wissen um den inneren Zusammenhang der Welt und der Dinge – und den Sinn meines Daseins.
Wenn etwas davon zurückkehrt, ist das wie Frühlingserwachen: Vereistes und Verhärtetes bricht auf. Die kahlen Bäume strecken ihre Fühler aus und treiben Blüten. Und in den noch dunklen Morgen mischt sich das Singen der Amsel.

Erzählt: Eine blaugelbe Schwalbe kehrt zurück

Spr. 1 *(wirft eine Papierschwalbe in den Gottesdienstraum)*: Endlich kommen auch die Schwalben zurück. Diese blaugelbe Schwalbe kommt geradewegs aus Afrika.
Sie sitzt auf einem Stab, um zu verschnaufen. War das eine lange Reise!

Spr. 2: Guten Tag, kleiner Vogel, sagt da plötzlich eine Stimme. Es ist der Rabe. Er sitzt auf dem anderen Ende der Stange.
Neugierig schaut er die Schwalbe an.
Was bist du denn für eine Sorte Vogel, fragt er. Ich glaube, so eine wie dich habe ich noch nie gesehen.

Spr. 1: Aber ich bin doch die Schwalbe. Ich war doch schon letztes Jahr hier.

Spr. 2: Richtig, die Schwalbe, sagt der Rabe. Manchmal hat er ein kurzes Gedächtnis. Die Schwalbe! Und wo warst du in der Zwischenzeit?

Spr. 1: Weit weg, sagt die Schwalbe. In Afrika.

Spr. 2: In Afrika? Warum so weit? Ist es da soviel anders als hier?
Spr. 1: Aber ja. Da ist es warm und wird niemals kalt. Dort stehen große Bäume. Die Menschen haben dunkle Haut. Sie tragen bunte Kleidung und haben seltene Namen. Und es gibt eine Menge merkwürdige Tiere dort.
Spr. 2: Dann ist es in Afrika wie im Tierpark?
Spr. 1: Ganz anders. Es liegt auch viel weiter weg. Tausend mal Tausend mal tausend Flügelschläge in diese Richtung.
Die Schwalbe zeigt nach Süden.
Spr. 2: So weit?! So weit bist du geflogen, du kleiner Knirps?
Spr. 1: Ja, so weit bin ich geflogen. Und nun bin ich wieder da.

Gebetet: Ich bin wieder da, Gott

Ich bin wieder da, Gott. Mein Weg war weit.
Er führte durch den Alltag der letzten Woche. Die Zeit verging im Flug. Es gab vieles zu tun, vieles zu entscheiden. Habe ich an Dich gedacht? Jetzt bin ich wieder da.

Kanon: Mein Herz ist bereit, Gott ...

Ich bin wieder da, Gott. Meine Wege waren kurz. Manchmal komme ich mir vor wie ein Vogel im Käfig. Flügellahm hocke ich in meinen vier Wänden. Meine Knochen sind müde. Nur meine Erinnerungen führen mich noch auf Reisen. Nach dem Tag heute habe ich mich gesehnt, um wieder einmal herauszukomen. Nun bin ich da, Herr.

Kanon: Mein Herz ist bereit, Gott ...

Wie lang oder kurz unsere Wege waren: Wir sind wieder da, Gott.
Wir bitten Dich: Binde uns los. Mach uns frei von dem, was uns beschwert. Verleih unserer Seele Flügel. Blas unserem Geist Leben ein, wenn wir hören, was Du zu uns sprichst.

Mein Herz ist bereit, Gott ...

Nachgedacht: Die Vogelperspektive

Spr. 2: Schwalbe, was hast du alles gesehen auf deiner Reise?

Spr. 1: Das Schönste sind die Farben.
Das unendliche Blau des Meeres. Der gelbe Sand der Wüste. Das satte Grün der Wiesen und Wälder. Das Weiß der schneebedeckten Berge. Und die vielen schwarzen Punkte, die sich dort unten tummeln.

Spr. 2: Ameisen? fragt der Rabe. Ameisen sind seine Lieblingsspeise.

Spr. 1: Nein, Menschen. Von dort oben gesehen sind sie klitzeklein. Die Stadt sieht aus wie eine Menge verstreuter Bauklötze, die Straßen wie dünne Fäden, die Autos werden zu kleinen Spielzeugen, die Häuser zu Streichholzschachteln. Die Menschen sind kleine schwarze Punkte, die sich darin hin und her bewegen.

Spr. 2: So hoch fliegst du, sagt der Rabe ehrfürchtig, daß dir die Menschen so klein vorkommen?

Zum Meditieren und Mitnehmen: Verteilen der Papierschwalben

Spr. 3: So hoch möchte ich auch einmal fliegen können. So hoch, daß die vielen Dinge, die mich beschäftigen, in ihrer Bedeutung schrumpfen, und ich erkenne, was wirklich wichtig ist. Und manchmal, wenn der Winter kein Ende nimmt, möchte ich einfach wegfliegen in ein Land, in dem die Farben leuchten: Blau der Himmel, smaragdgrün das Wasser, gelb der Sand und die reifen Felder, rot die Sonne, wenn sie am Abend unter den Horizont sinkt.
Die Schwalben, die heute bei uns zu Gast sind, bringen all diese Farben mit. Suchen Sie sich diejenige aus, deren Farben Ihnen zusagt.

(Die Papierschwalben werden an die Gottesdienstbesucher verteilt.)

Einwand: Eine Schwalbe macht noch keinen Sommer

Eine Schwalbe macht noch keinen Sommer. Aber die Rückkehr der Schwalben ist ein Zeichen dafür, daß der Kreislauf des Jahres neu begonnen hat: Aufblühen, wachsen, reifen, welken und vergehen. Auch das Leben der Menschen fügt sich ein in diesen großen Reigen. Wir werden geboren, wachsen auf, werden groß. Bringen selber Kinder zur Welt, füttern sie durch, ziehen sie groß. Sehen zu, wie schließlich unsere Kinder

Kinder bekommen. Stehen von ferne an den ersten Gräbern. Rücken auf in der Reihe. Nehmen unseren Abschied. Untergepflügt wie die Stoppelfelder, wenn die Schwalben längst wieder auf dem Weg Richtung Süden sind.
Es kommt alles wieder.
Das Ende ist nicht nur das Ende, sondern gleichzeitig ein neuer Anfang. Ich bin Teil eines in sich ruhenden harmonischen Ganzen. Das hat etwas beruhigendes. Befriedendes.

In der letzten Woche bin ich auf einen merkwürdigen Psalm gestoßen – den Psalm 39. Der hat auch das ewige Auf und Ab allen Daseins im Sinn – aber er leidet darunter und klagt Gott die unablässige Mühe, die damit verbunden ist: Wir sammeln und wissen nicht wofür, wir säen und wissen nicht, wer die Ernte einbringen wird. Wessen soll ich mich trösten, Herr?
Wessen soll ich mich trösten? Ich hoffe auf Dich!
Laßt uns gemeinsam den Psalm im Wechsel beten.

Im Wechsel gebetet: Psalm 39

Herr, lehre mich, daß es jederzeit ein Ende mit mir haben kann.
Ich muß einmal davon. Mein Leben ist begrenzt.
    Jeder einzelne Tag ist nur eine Handbreit von Dir entfernt.
    Vor Dir ist mein Leben wie nichts.
Nichts sind wir, obwohl es scheint,
daß wir sicher leben.
    Wie Schatten gehen wir umher,
    machen uns Sorge und Unruhe,
    obwohl vergeblich ist, was wir tun.
Wir säen, aber wissen nicht, wer es erntet.
Wir sammeln, aber wissen nicht, wer es ißt.
    Nun, Herr, wessen soll ich mich trösten?
    Ich hoffe auf Dich. Errette mich.
Errette mich aus dem ewigen Kreislauf
aus Werden und Vergehen.
    Deine Hand ist es, die mir Mühe und Plage verursacht.
    Du erziehst mich und züchtigst mich.
    Du treibst mich voran.
Laß ab von mir, daß ich mich noch eine kurze Weile erquicke,
bevor ich davon muß und nicht mehr bin. (nach Ps. 39)

(Die auf den Herrn harren, kriegen neue Kraft.
Sie fahren auf mit Flügeln wie Adler.
Sie laufen und werden nicht matt.
Sie werden nicht müde auf ihrem Weg.) (nach Jes. 40,31)

Zwischenruf: Gottesurlaub

Wessen soll ich mich trösten? Ich hoffe auf Dich.
Ich hoffe darauf, daß mein Leben mehr ist als ein bloßes Teilnehmen am endlosen Kreisen alles Natürlichen. Ich hoffe, daß ich darüber hinauskomme, mich daraus lösen kann. Auffliegen wie ein Vogel. Ich möchte, daß mein Leben ein Ziel hat und ich eine Geschichte habe – unverwechselbar Erlebtes und Erlittenes.

Ich hoffe auf Dich.
Und tatsächlich: Gott greift ein. Er macht Geschichte. Auch davon hören wir im Psalm 39.
Allerdings auf unvermutete Weise: Gottes eingreifen schmerzt. Es tut weh. Es stört und zerstört die um sich selbst kreisende Harmonie alles Seienden. Gott bricht alles Selbstverständliche auf und mutet dem Menschen zu, ständig in Bewegung zu sein, sich immer wieder neu auf Unvorhergesehenes einzustellen.
„Deine Hand ist es, die mir Mühe und Plage verursacht.
Du erziehst mich und züchtigst mich und treibst mich voran.
Laß ab von mir, daß ich mich noch eine kurze Weile erquicke, bevor ich davon muß!"
Was für ein ungewöhnlicher Vers!
Hier betet ein Mensch und bittet Gott, er möge ihn in Ruhe lassen. Ohne Gott wäre alles leichter. Verrückt, daß so etwas in der Bibel steht. Doch genaugenommen ist es folgerichtig. Es bedeutet, daß Gott mitten in meinem Leben steht, sich einmischt, mein Leben prägt und gestaltet auf eine Weise, die mir tatsächlich manchmal gar nicht recht sein kann.
Ob ich es will oder nicht: Gott ist da. Und oft ist seine Gegenwart anstrengend. „Laß ab von mir, Herr! Dadurch, daß Du in mein Leben greifst, wird alles so unübersichtlich, kompliziert und verwirrend. Es könnte so einfach sein, wenn Du nicht an mir zerren, ziehen und erziehen würdest. Wenn Du dem Lauf der Dinge einfach seinen Gang ließest. Wachsen, Werden, Vergehen – so harmonisch. So ausgewogen. Laß ab von mir. Schau doch einfach ein paar Wochen weg, Herr. Schau an mir vorbei. Achte nicht auf mich, daß ich ein wenig Ruhe habe."
Gottesurlaub sozusagen.

Der Psalm schärft uns die Sinne: Daß wir Gott, den wir immer nur im Guten, im Gelingenden, im Segen finden möchten – auch im Anstrengenden suchen, in dem, was uns stört, mißlingt, schwer ist. Und daß wir uns – wie Jesus – in den Willen Gottes fügen können, wenn es darauf ankommt. Daß wir – wie Jesus – darauf vertrauen, daß Gott letztlich zum Guten wendet, was wir tun und was uns widerfährt.

Fürbitten

Spr. 1: Herr unser Gott –
oft sind uns Deine Wege fremd und unnahbar.
Es kommt uns vor, als seist Du ein harter Gott,
der uns ohne Rücksicht Schweres auferlegt.
Manchmal scheint es uns sogar, als gäbe es Dich gar nicht.
Wir wissen nicht, was wir von Dir halten sollen.
Spr. 2: Doch Du bist in deinem Sohn Jesus Christus zu uns Menschen gekommen.
Nun wissen wir, daß alle Deine Wege und Pläne letztlich
auf die Liebe hinauslaufen. Du hast Dich für uns hingegeben.
Daran erkennen wir, daß Du für uns bist und nicht gegen uns.
Im Namen Jesu kommen wir nun zu Dir und bitten:
Herr, erhöre uns.

Spr. 1: Manchmal würden wir am liebsten fliegen,
uns über alles erheben und vergessen, was uns belastet,
wohinein wir uns verstricken, worin wir gefangen sind.
Wir sehnen uns nach Freiheit, Weite und Sonne.
Wir kommen zu Dir und bitten:
Herr, erhöre uns.

Spr. 2: Manchmal laufen wir vor zu vielem weg.
Wir müßten eigentlich bleiben und uns einbringen,
und dauerhaft Verantwortung übernehmen.
Wir brauchen Kraft und Stehvermögen.
Wir kommen zu Dir und bitten:
Herr, erhöre uns.

Spr. 1: Manchmal landen wir hart nach hohem Flug.
Wir haben zu groß geplant,
zu hoch gegriffen und von uns selbst

besser gedacht, als wir sind.
Herr, hilf uns, wieder aufzustehen,
und bewahre uns in Zukunft vor Hochmut.
Wir kommen zu Dir und bitten:
Herr, erhöre uns.

Spr. 2: Wir bitten Dich für die Menschen,
die uneins sind, zerstritten sind
oder gar Krieg führen.
Gib unserem Geist Flügel, Herr,
damit es uns gelingt, Frieden zu schaffen
überall auf der Welt.
Wir kommen zu Dir und bitten:
Herr, erhöre uns.

Textvorschlag zum Lied: Halleluja (EG 182)

Sehet die Schwalben, sie fliegen leicht im Wind. Höret die Lieder der Lerche. So leicht und frei soll auch Euer Leben sein. Halleluja, Halleluja.

Alle reden vom Wetter …

Sommergottesdienst für Daheimgebliebene

Symbol: Papierschirmchen

Anmerkungen zu Vorbereitung, Planung und Verlauf

Das **Symbol** dieses Gottesdienstes sind kleine **Papierschirmchen**, wie sie zum Beispiel in der Gastronomie zur Verzierung von Eisbechern verwendet werden. Sie sind in den meisten Schreibwarengeschäften erhältlich.
Der passende Zeitpunkt für die Feier des Gottesdienstes sind die Sommerferien bzw. die Zeit kurz davor oder danach.

Verlaufsplan

Klärungen
Nachgedacht: Alle reden vom Wetter …
Lied: Geh aus, mein Herz … (EG 503)
Gebetet: Psalm 36 im Wechsel (EG 718)
Nachgefragt: Wie wird das Wetter?
Erzählt: Der Wettermacher
Kanon: Der Himmel geht über allen auf … (EG 611)

Rede und Antwort
Recht verstanden: Wenn der Himmel offen steht
Glaubensbekenntnis
Lied: Weißt du, wo der Himmel ist?
Zwischenruf: Die Entstehung des Wetters
Kanon: Der Himmel geht über allen auf … (EG 611)

Teilhabe und Gemeinschaft
Einer, der auf besseres Wetter wartet (Biblische Lesung nach 1. Kön. 18)
Zum Meditieren und Mitnehmen: Schirme verteilen
Lied: Auf, Seele, Gott zu loben … (EG 690, Str. 1–5)

Zurück in den Alltag
Fürbittgebet
Vaterunser
Lied: Auf, Seele, Gott zu loben … (EG 690, Str. 6 und 7)
Segen

Nachgedacht: Alle reden vom Wetter ...

Alle reden vom Wetter.
Davon, daß dieser Sommer viel zu feucht ist.
Davon, daß der Urlaub in Wasser fällt.
Davon, wie schön es wäre, ein paar Tage richtig heißes Wetter zu erleben.
Wenn die Luft über dem Asphalt flimmert
und die Hitze in den Straßenschluchten steht.
Wenn mittags nur noch ein Eiskaffee hilft,
die Kinder ausgelassen in Bassins planschen
und die Balkons bunt sind von Sonnenschirmen.
Nur ein paar Tage,
an denen der Wind, der durch die Gärten streicht,
sich warm anfühlt auf der Haut,
an denen der Wald noch ein wenig Kühle hält,
an denen der Abend schwer ist vom Zirpen der Grillen
und der Morgen leicht vom Singen der Vögel.
An denen man mit Fug und Recht einstimmen kann in das Lied,
das Generationen vor uns schon gesungen haben:

Nachgefragt: Wie wird das Wetter?

Spr. 1: Wetterkarten
Spr. 2: Wetterdaten.
Spr. 1: Tiefausläufer.
Azorenhoch.
Spr. 2: Polare Kaltluft. Föhn und Regenfront.
Spr. 1: Am Morgen klar.
Gewitter am Abend.
Spr. 2: Der Wind aus unterschiedlichen Richtungen.
Die Temperaturen für die Jahreszeit zu kühl.
Spr. 1: Hagel in Bayern.
Dürre im Tschad.
Spr. 2: In den Alpen Schneefall ab 2000 Meter.
Wieder Regen am Oberlauf der Oder.
Spr. 1: Ozonloch. CO_2. Treibhauseffekt.
Spr. 2: Das Klima – eine Katastrophe.
Spr. 1: War es je anders?

Spr. 2: Wetterkarten
Wetterdaten.
Spr. 1: Die weiteren Aussichten: Unbeständig.
Spr. 2: Am liebsten würde man das Wetter selber machen!

Erzählt: Der Wettermacher

Nicht weit weg von hier lebte vor einiger Zeit ein Bauer, der beklagte sich tagaus tagein über das Wetter, das in seinen Augen nie recht sein wollte.
Eines Herbsttages war der Bauer auf dem Acker, um das Kartoffelkraut zu großen Haufen zusammenzuziehen und daraus ein tüchtiges Feuer zu machen. Dabei schimpfte und fluchte er vor sich hin, über den Regen nämlich, der alles vorzeitig feucht gemacht hatte, so daß das Feuer nicht ans Brennen kam. Als ihm einmal der Rauch in die Augen biß und er sich abwendete, stand plötzlich Petrus vor ihm, von dem es ja heißt, er sei fürs Wettermachen zuständig. Gleich wollte der Bauer anfangen, sich zu beschweren. Doch Petrus hob die Hand: „Ich kenne deine Vorwürfe schon zur Genüge. Sie werden uns täglich im Himmel hinterbracht. Um deinen Klagen ein Ende zu machen, sind wir im himmlischen Rat übereingekommen, dir einmal das Wettermachen zu überlassen, und zwar für ein Jahr, wenn du es besser kannst."
„Das will ich meinen", rief der Bauer, und sagte „Ja" zu dem Handel.
Von nun an richtete er es mit dem Wetter ein, wie es ihm angebracht schien. Im Winter ließ er es tüchtig schneien und frieren, so daß Flüsse und Teiche dickes Eis trugen – zur großen Freude der Kinder. Im Frühjahr schickte er gleich zu Beginn einige Sonnentage, so daß man beizeiten mit der Aussaat beginnen konnte. Im April schickte er Regen und Sonne im Wechsel, daß die Samen keimten und die Schößlinge mit Macht durch die Ackerkrume brachen. Im Mai ließ er die Sonne kräftig scheinen. Das Getreide wuchs und gedieh.
Das wäre doch gelacht, dachte der Bauer.
In diesem Sommer fiel kein Hagel und kein Gewitter. So blieb es bis zur Erntezeit. Doch als sich die Bauern an die Ernte machen wollten, sahen sie, daß die Halme zwar aufrecht standen und stolze Ähren trugen. Doch die Ähren waren taub und leer und trugen keine Frucht. Als der Bauer gerade anfangen wollte, sich zu beklagen, legte ihm Petrus die Hand auf die Schulter. „Dieses Jahr war dein Jahr. Wenn die Ähren nicht tragen, ist es deine eigene Schuld. Wenn ich dir aber einen Rat geben darf: Du hast beim Wettermachen den Wind vergessen, der den Blütenstaub von Feld zu Feld trägt, Ähren erst fruchtbar macht, daß sie Körner bringen."

Da überließ der Bauer das Wettermachen wieder dem, der es konnte. Und schimpfen hat man ihn seitdem auch nicht mehr gehört.

Recht verstanden: Wenn der Himmel offen steht

Wieviele unterschiedliche Bedeutungen in so einem knappen Liedvers stecken können! Geht über allen auf … Ist damit ein wolkenbruchartiger Regen gemeint? Die Schleusen des Himmels haben sich geöffnet.
Oder handelt es sich um das erste Stückchen Blau nach dem Regen? Die Wolkendecke reißt auf, die Sonne bricht hervor.
Man kann den Kanon auch im übertragenen Sinne verstehen: Der Himmel, die Wohnung Gottes, bleibt nicht verschlossen. Wie in der Weihnachtsgeschichte: Die Hirten sehen den Himmel offen, und darin singend die Menge der himmlischen Heerscharen. Da ging „der Himmel über allen auf".

Der Himmel geht auf alle über … Das hat mit Sonne oder Regen nichts zu tun. Der Himmel bleibt nicht oben, und Gott bleibt nicht für sich. Er kommt zu uns, kommt uns nahe. Seine Liebe, seine Klarheit, seine Güte kommen über uns wie Sonnenschein und Regen. Der Himmel geht auf mich über – das sind diese seltenen, kostbaren Momente, in denen ich mich aufgehoben und geborgen fühle. In denen ich mich eins fühle mit Gott, mit mir selbst und der ganzen Welt.
Der Himmel geht auf uns alle über, über allen auf.
Wenn ich auf diese Weise den Himmel auf Erden erlebe, fällt es mir leicht, mit den Worten der Mütter und Väter das zu bekennen, woran ich sonst oft meine Zweifel habe.

Weißt du, wo der Himmel ist (Nr. 50674)

Text: Wilhelm Willms
Musik: Ludger Edelkötter

2. Weißt du, wo der Himmel ist? Nicht so tief verborgen.
   Einen Sprung aus dir heraus, aus dem Haus der Sorgen,
   aus dem Haus der Sorgen.
3. Weißt du, wo der Himmel ist? Nicht so hoch da oben.
   Sag doch ja zu dir und mir, du bist aufgehoben, du bist aufgehoben.

aus: Weil du mich so magst (IMP 1036), Weißt du, wo der Himmel ist (IMP 3001)

Zwischenruf: Die Entstehung des Wetters

Vor zehn Jahren war ein Wort in aller Munde: die Klimakatastrophe. Damals hieß es, das Klima der Erde werde sich in den nächsten Jahrzehnten grundlegend ändern und sich um fünf bis acht Grad erwärmen. Mit ungeheuren Folgen: Die Landstriche südlich der Alpen würden zur Wüste. Die Polarkappen schmölzen ab und das Meer würde große Teile des Festlandes überfluten. Schuld an der Katastrophe sei der Mensch.
Soweit die schlechte Nachricht.
Die gute: Wenn wir nur weniger Auto fahren, keine Wälder mehr abholzen und insgesamt weniger Ressourcen vergeuden, dann bekommen wir die Sache in den Griff.
Der erste Teil der guten Botschaft stimmt. Wir müssen uns unbedingt einschränken, um große Bereiche der Schöpfung nicht unwiederbringlich zu zerstören. Der zweite Teil der Botschaft ist fragwürdig. Ich halte ihn für vermessen. Als könne der Mensch das Weltklima beeinflussen! Als verstünde er das Wetter!
Ein amerikanischer Meteorologe hat einmal mit Hilfe eines Schmetterlingsflügels erklärt, wie das Wetter entsteht. Irgendwo über einer kaum bekannten Insel im Atlantik ist das Wetter für einen Moment in der Balance. Der Luftdruck ist ausgeglichen, die Kräfte Wind, Wasserbewegung, Wassertemperatur, Wärme der Sonne, auch menschliche Einflüsse halten sich einen Augenblick lang die Waage. Da erhebt sich über einer Blumenwiese ein Schmetterling. Sein Flügelschlag bewegt eine minimale Portion Luft von West nach Ost. Es ist sozusagen nur eine Handvoll Moleküle – aber die Weichen sind gestellt. Ein wenig Luft sackt von oben nach. Dadurch steigt in unmittelbarer Nähe – genau über einer Pfütze – ein wenig

kühlere und feuchte Luft nach oben. Es entsteht ein Luftzug, schwach, aber stark genug, daß er den Flug einer Hummel geringfügig ablenkt – geradesoviel, daß sie der Schwalbe entgeht, die sie verfolgt. Die Schwalbe ändert flatternd ihren Kurs. Jetzt ist die Luft in heller Aufregung. Es entstehen leichte Druckunterschiede. An verschiedenen Stellen hat die Luft geringfügig unterschiedliche Temperatur. Von oben sackt weitere Luft nach, über der Pfütze steigt weitere nach oben. Ein Kreislauf, ein Wirbel. Nicht meßbar, erst recht nicht spürbar. Aber das Wetter hat eine Richtung bekommen. Was daraus wird, welchen Weg es exakt einschlägt, welche Kraft es am Ende entfaltet – das ist noch immer von einer nicht zählbaren Menge von Faktoren abhängig. Kann sein, der auffliegende Schmetterling bringt Mitteleuropa zwei Wochen Sonne. Hoffen wir's. Doch ebenso kann er ein Sturmtief über den britischen Inseln ausgelöst haben. Kein Mensch wird es enträtseln. Keiner wird es vorhersagen. Erst recht keiner machen. Der Mensch ist selbst nur ein Faktor in diesem Geschehen. Wenn der Flügelschlag eines Insekts soviel in Gang setzen kann – ein menschlicher Atemzug ist ungleich kräftiger. Und trotzdem: Wenn sich beim nächsten Sturm alle Aachener Einwohner auf den Lousberg stellen und gegen den Wind anblasen – sie bewirken so gut wie nichts!
Das Wetter hat eine haushohe, überlegene Wucht – und ist gleichzeitig etwas unglaublich Filigranes, Feines. Wir können uns das Wetter anschauen. Mit viel Erfahrung können wir es vorhersagen. Beeinflussen können wir es nicht.
Vielleicht ist das Wetter deshalb für moderne Menschen besonders schwer zu ertragen. In vielen Bereichen kann sich die Menschheit vorgaukeln, sie hätte die Natur verstanden, die Schöpfung enträtselt und alles im Griff. Das Wetter führt uns immer wieder schmerzhaft vor Augen, daß wir bei allem nur an der Oberfläche kratzen und in die Geheimnisse, die uns umgeben, nicht von Ferne eindringen. Das ist gut so. Wenn wir alles wüßten und alles selber machten, würden am Ende die Ähren auf unseren Feldern taub und das Leben leer.
Amen.

Einer, der auf besseres Wetter wartet (Biblische Lesung nach 1. Kön. 18)

Weil die Könige Israels Gott nicht gehorsam waren, hatte der Prophet Elia den Oberen ins Gesicht geweissagt: So wahr Gott der Herr lebt, es soll drei Jahre und länger nicht regnen in Israel und erst wieder Regen fallen, wenn ich es sage!

Da verfolgte Ahab, der König von Israel, den Propheten Elia. Der aber versteckte sich.
Und alles Gras im Land verdorrte, der Boden wurde hart, das Vieh verdurstete auf der Weide und die Quellen versiegten.
Nach langer Zeit kam Elia zu Ahab, trat vor ihn und sagte: Feiere ein großes Fest in ganz Israel, denn es wird regnen.
Dann stieg Elia auf den Gipfel des Karmel, eines Gebirges direkt am Meer. Aber er bückte sich und verbarg den Kopf zwischen den Knien, denn er wagte nicht, aufs Meer hinauszusehen. Und er fragte seinen Diener: Schau hin, was siehst du?
Und der sprach: Ich sehe nichts.
Und Elia sagte: Steig noch einmal hinauf und sieh nach. Und der Diener stieg hinauf siebenmal nacheinander. Und beim siebten Mal sprach er: Sieh da, es steigt eine kleine Wolke aus dem Meer auf, so groß wie eine Kinderhand. Da atmete Elia auf und schickte seinen Diener zum König Ahab. Und ehe man sichs versah, wurde der Himmel schwarz von Wolken, und es kam ein großer Regen.

Zum Meditieren und Mitnehmen: Schirme verteilen

Was die Leute wohl damals unternommen haben, um sich gegen den plötzlich hereinbrechenden Regen zu schützen? Wahrscheinlich gar nichts. Wahrscheinlich ließen die Erwachsenen den Regen durch das Haar rinnen und leckten die Tropfen von den Lippen. Und die Kinder planschten in den Pfützen.
Bei uns ist das anders. Wir warten nicht auf Regen. Wir warten meist auf Sonne. Und beide Male, wenn es zu stark regnet und wenn die Sonne zu heiß scheint, benutzen wir ein und dasselbe Gerät: den Schirm. Alle reden vom Wetter. Wir haben Ihnen heute einen Schirm mitgebracht.
(Kinder verteilen die Papierschirmchen an die Teilnehmer.)

Fürbittgebet

Spr. 1: Herr unser Gott, Du hast uns versprochen, uns zu hören,wenn wir zu Dir rufen. Deshalb kommen wir jetzt zu Dir und bitten:
Alle: Herr, erhöre uns.

Spr. 2: Wir bitten Dich für die Menschen an der Oder, die auf Sonne warten, weil das Wasser ihren Deich aufweicht und wegzuspülen droht. Wir kommen zu Dir und bitten:
Alle: Herr, erhöre uns.

Spr. 1: Wir bitten Dich für die Menschen, die auf Regen warten, weil die Sonne den Boden hart macht, die Brunnen austrocknet, so daß Pflanzen und Tiere verdursten. Wir kommen zu Dir und bitten:

Alle: *Herr, erhöre uns.*

Spr. 2: Wir bitten Dich für die Menschen, die auf Sonne warten, weil das Wetter sie in trübe Stimmung versetzt. Wir kommen zu Dir und bitten:

Alle: *Herr, erhöre uns.*

Spr. 1: Wir denken an die Menschen, die auf Frieden warten, weil in ihrem Land Krieg und Terror herrschen. Beten besonders für Palästinenser und Israelis, für Bosnier und Serben und die Einwohner von Kambodscha. Wir kommen zu Dir und bitten:

Alle: *Herr, erhöre uns.*

Spr. 2: Wir denken an alle Menschen, die in der Forschung tätig sind. Für die, die Experimente in den Labors und Versuche in freier Natur machen. Wir bitten Dich für uns alle, die von den Errungenschaften der Technik profitieren. Führ uns unsere Grenzen vor Augen. Mach uns demütig, daß wir sie anerkennen. Wir kommen zu Dir und bitten:

Alle: *Herr, erhöre uns.*

Spr. 1: An diesem Wochenende machen sich wieder zahlreiche Menschen auf den Weg – mit welchem Ziel auch immer. Wir bitten dich, daß sie gut ankommen und wohlbehalten zurückkehren. Gib ihnen, daß sie am Urlaubsort finden, was sie brauchen: Ruhe. Erholung. Neue Ideen. Daß sie zurückfinden zu sich selbst und zurück zu Dir. Wir kommen zu Dir und bitten:

Alle: *Herr, erhöre uns.*

Spr. 2: Wir bitten Dich für die, die diesmal hierbleiben – aus welchen Gründen auch immer. Leg ihnen Überraschungen und Entdeckungen auf die altvertrauten Wege. Leg Freundlichkeit in die Worte, die wir wechseln, Spannung in die Bücher, die wir lesen, Leichtigkeit in die Melodien, die wir summen. Damit unser Geist klar werde und sich aufs neue schärfe. Wir kommen zu Dir und bitten:

Alle: *Herr, erhöre uns.*

Ganz anders müßte man leben

Gottesdienst für die, die sich im Leben eingerichtet haben

Symbol: Ein Pfennigstück

Anmerkungen zu Planung, Vorbereitung und Verlauf

In den meisten von uns steckt mehr als das Leben, das wir führen. Und die Sehnsucht, ganz anders zu leben, ist unausrottbar. Nicht ausgelebte Möglichkeiten werden häufig als Verlust erlebt und als entgangene Chance erinnert. Der folgende Gottesdienst möchte vergegenwärtigen, daß mein Leben – an welchem Punkt auch immer ich mich befinde – offen ist auf Neues und anderes hin. Und er möchte etwas von den Kräften freisetzen, die im Traum vom ganz anderen Leben stecken, indem es diesen Traum in „kleine Münze" übersetzt. Die **kleine Münze** – ein Pfennigstück – ist auch das **Symbol**, das in diesem Gottesdienst an die Teilnehmerinnen und Teilnehmer verteilt wird.

Verlaufsplan

Klärungen
Vergegenwärtigt: Sechs Gründe zum Danken
Lied: Danke (EG 334)
Im Wechsel gebetet: Psalm 111 (EG 748)

Rede und Antwort
Gebeichtet: Sündenregister für die heutige Zeit
Kehrvers: Kehret um, und ihr werdet leben (EG 589)
Nachgedacht: Urlaub – ganz anders leben
Lied: Wem Gott will rechte Gunst erweisen
Geträumt: Weltumseglung und Haus in der Einsamkeit
Lied: Vertraut den neuen Wegen (EG 395)

Teilhabe und Gemeinschaft
Ernüchtert: Leben – wovon?
Biblische Lesung nach Matthäus 6
Glaubensbekenntnis
Zwischenruf: Kleinglaube braucht kleine Münze
Zum Mitnehmen und Meditieren: Die kleine Münze
Lied: Selig seid ihr (EG 666)

Zurück in den Alltag
Fürbittgebet
Vaterunser
Segen

Texte

Vergegenwärtigt: Sechs Gründe zum Danken

Ganz anders müßte man leben – so lautet das Thema dieses Gottesdienstes. Stimmt das eigentlich? Müssen wir wirklich ganz anders leben?
Wer von uns hat schon einen direkten Grund, das Leben grundlegend zu ändern?
Ein stabiles Dach über dem Kopf. Reichlich, überreichlich zu essen. Lebendige Kinder, hervorragende Bildungsmöglichkeiten, medizinische Rundumversorgung und ein soziales Netz.
Müßte man wirklich ganz anders leben?

In der Tat: Schlecht geht es uns nicht. Und Grund zum Danken haben wir mehr als genug.

Gebeichtet: Sündenregister für die heutige Zeit

Spr. 1: Es gibt Grund genug zum Danken. Es gibt wohl noch mehr Gründe für uns, umzukehren und unser Leben ganz anders einzurichten als bisher.
Spr. 2: Das drückt der Kehrvers aus, den wir jetzt und nach jedem Abschnitt des folgenden Gebets singen:

Kehrvers: Kehret um (EG 589)

Spr. 1: Das Wasser ist verseucht.
Die Luft ist verpestet.
Spr. 2: Die Lunge verräuchert.
Die Stille wird verjubelt,
die Zeit vertrieben.
Spr. 1: Angst wird verscheucht
und Trauer verschluckt.
Spr. 2: Ganz anders müßte man leben.

Kehrvers: Kehret um

Spr. 1: Liebe wird verscherzt
und Wahrheit verschwiegen.
Spr. 2: Die Seele wird zerredet,
Träume verraten.

Spr. 1: Die Zukunft ist verplant.
Das Heil wird verwaltet
und Gott – wird verehrt.
Spr. 2: Ganz anders müßte man leben.

Kehrvers: Kehret um

Spr. 1: Ganz anders müßte man leben.
Spr. 2: Vielleicht der Stille lauschen,
die Zeit verstreichen lassen,
mit den Vögeln sprechen.
Spr. 1: Die Kräfte einteilen,
die Zukunft erwarten,
die Feste feiern, wie sie fallen.
Spr. 2: Ganz anders müßte man leben.

Kehrvers: Kehret um

Spr. 1: Ganz anders müßte man leben:
Spr. 2: Die Sinne gebrauchen,
die Liebe genießen,
die Klarheit atmen,
die Wahrheit sagen.
Spr. 1: Die Menschen anschauen,
sich freuen und trauern.
Spr. 2: Dem See auf den Grund sehn,
der Seele auf den Grund gehn.
Spr. 1: Ganz anders müßte man leben.

Kehrvers: Kehret um

Nachgedacht: Urlaub – ein ganz anderes Leben?

Ganz anders müßte man leben –
diese Sehnsucht haben jährlich Millionen von vornehmlich Stadtmenschen, wenn sie ihre Koffer packen, die Flugtickets lösen oder den Wohnanhänger beladen: Mal rauskommen. Mal was ganz anderes sehen. Mal alle Viere hängen lassen. Tief durchatmen und die Seele baumeln lassen. Die Reiseprospekte versprechen mir das, wonach ich mich sehne:

Seen, denen ich auf den Grund sehen kann. Stille, in der ich mir tatsächlich selbst begegnen kann. Freundliche Menschen, unter denen ich mich unkompliziert wohlfühlen kann. Klare Luft, die meinen Körper von innen heraus reinigen soll. Natur und Einsamkeit für den, der will. Hitze und Strand für meine sonnenhungrige Haut.
Woanders geht es anders zu. Da ist es möglich für ein paar Wochen: Anders, ganz anders zu leben.
Davon singt auch ein altbekanntes Wanderlied.

Geträumt: Weltumseglung und Haus in der Einsamkeit

Ganz anders müßte man leben.
Auch die Bibel erzählt immer wieder von Menschen auf der Suche nach einer ganzheitlichen Lebensqualität, nach Sinn, nach Erfüllung. Menschen, die aufbrechen. Menschen, die neue Lebensformen wagen. Menschen, die Alternativen entwickeln zum Lebensstil ihrer Zeit, Alternativen zur gesellschaftlichen Ordnung um sie her.
Die Jünger zum Beispiel lassen alles liegen und stehen, als Jesus zu ihnen kommt und sagt: Folget mir nach! Sie lassen alles los für ein einfaches, ärmliches Leben. Den Tag über wandern, bis genug gewandert ist. Wenn es dämmert, Herberge nehmen oder am Feuer übernachten. Die Abendstunden mit Erzähltem anfüllen, mit Fragen und Antworten des Meisters. Gott auf die Spur kommen. Nicht alles selbst entscheiden. Das Schwierige Jesus überlassen.

Was würde wohl passieren, wenn wir unsere Träume lebten:
Die Welt umsegeln vielleicht, immer unterwegs sein. Bei Sturm auf hoher See um das Leben fürchten, um es am Morgen darauf umso intensiver auszukosten. In den Tag hinein segeln, bis weit genug gesegelt ist. Am Abend Anker werfen und fischen, bis genug ins Netz gegangen ist.
Nach Kanada ziehen vielleicht, und leben, wie die ersten Siedler: Das Holz für das Blockhaus selber fällen. Das Feld selber roden, den Weizen säen, und sehen, ob er wächst. Gut, das Nötigste in der nächsten Stadt kaufen, vom Ersparten. Aber sonst von Grund auf alles selber machen, selbst erleben.

An den Ort gehen, nach dem ich mich sehne. Das tun, das lernen, wozu ich mich gerufen fühle. Wie die Jünger damals.

Ernüchtert: Leben – aber wovon?

Das tun, das lernen, was für mich wichtig ist.
An den Ort gehen, an den ich mich gerufen fühle. Wie die Jünger damals.
Wovon eigentlich lebten die Familien der Jünger? Wer erzog die Kinder?
Die Evangelien erzählen, daß die Schwiegermutter des Petrus einen Fieberanfall erlitt, als Jesus in die Stadt kam. War sie den Männern gram, die sich vor ihren Pflichten drückten?
Ernüchterung für die Jünger. Ähnliche wie die, die uns heute einholen würden: Spätestens am Monatsende nämlich, wenn wir einen leeren Gehaltsstreifen im Briefkasten vorfänden. Genauer gesagt: Gar keinen. Wovon werden wir dann leben?

Biblische Lesung nach Matthäus 6

Ich sage euch: Sorgt nicht um euer Leben, was ihr essen und trinken werdet. Sorgt auch nicht darum, was ihr anziehen, womit ihr euch kleiden werdet.
Sehet die Vögel unter dem Himmel: Sie säen nicht. Sie ernten nicht. Aber euer himmlischer Vater ernährt sie doch. Und warum sorgt ihr euch um die Kleidung? Schaut die Lilien auf dem Feld an, wie sie wachsen. Sie spinnen nicht, sie weben nicht, sie nähen nicht. Und doch war nicht einmal der König Salomo in aller seiner Herrlichkeit so reich gekleidet wie eine von ihnen.
Das Gras auf dem Feld: Heute steht es, morgen verdorrt es. Trotzdem kleidet Gott es so prächtig und bunt. Sollte er das nicht viel mehr noch für die Menschen tun, ihr Kleingläubigen?
Also sorgt nicht für morgen. Der morgige Tag sorgt für das Seine. Es ist genug, daß jeder Tag seine eigene Plage hat.

Zwischenruf: Kleinglaube braucht kleine Münze

Den morgigen Tag für das Seine sorgen lassen: Nach so einem Leben sehnen sich wohl die meisten von uns. Aber ich wage es nicht, damit anzufangen.
Ihr Kleingläubigen, sagt Jesus.
Es stimmt tatsächlich. So lang das Glaubensbekenntnis auch ist, das wir auswendig sprechen: Mein *Glaube* ist zu klein. Ich habe nicht das Zutrauen

auszusteigen, wie die Jünger es taten, auszusteigen aus der Sorge um das Leben.
Mein kleiner Mut, mein kleiner Glaube braucht kleine Münze. Nicht die großen Vorhaben bringen Veränderung in mein Leben, sondern die kleinen Schritte. Nicht die radikale Umkehr, sondern die kleine, tägliche, alltägliche.
Orientieren kann ich mich durchaus an den ganz großen Ansprüchen. Aber leben kann ich nur den Kompromiß. Kleine Schritte. Kleine Münze.

Zum Meditieren und Mitnehmen: Die kleine Münze

Die Pfennigstücke werden an die Teilnehmerinnen und Teilnehmer verteilt.

Fazit: *Einfach* leben – einfach *leben*

Kleine Münze. Kleine Schritte.
Mich zurückbesinnen auf das, was das Leben lebenswert macht.
Frieden machen.
Ehrlich bleiben.
Güte wagen.
Lasten tragen.
Einfach leben.
Einfach *leben*.

Fürbittgebet

Spr. 1: Herr unser Gott, Du hast uns versprochen, zu hören, wenn wir beten. Daher kommen wir jetzt zu Dir und rufen:
Herr, erhöre uns.

Spr. 1: Einfach leben, einfacher, elementarer.
Sparsam mit Worten. Großzügig mit dem, was wir besitzen. Wege aus eigener Kraft zurücklegen, statt zu kutschieren.
Spr. 2: Mich nicht zu schnell durch Zeit und Raum bewegen, sondern bedächtig, daß die Seele folgen kann. Nicht alles auf einen Schlag ändern. Aber dem Leben Richtung geben. Wir kommen zu Dir und rufen:
Herr, erhöre uns.

Spr. 1: Einfach leben wollen wir, barmherziger Gott. Unkompliziert. Nicht über alles nachdenken. Nicht grübeln. Nicht allem auf den Grund gehen. Rätsel ungelöst lassen. Geheimnisse respektieren. Nicht alles selber planen. Nicht alle Fäden in der Hand halten.

Spr. 2: Dir überlassen, Dir anvertrauen, was wir für wichtig halten. Du änderst nicht alles auf einen Schlag. Doch du gibst unserem Leben Richtung. Wir kommen zu Dir und rufen:
Herr, erhöre uns.

Spr. 1: Ganz anders müßten wir leben, doch es gelingt uns kaum. Wir bauen um – doch das Haus bleibt das gleiche. Wir ändern uns selbst – und bleiben die alten.

Spr. 2: Doch kommt uns entgegen Dein Reich. In dem *ist* alles ganz anders. Und trotzdem ist Raum für jeden, so zu sein, wie er ist. Dein Reich: Das Ziel, die Vollendung, auf die unser Leben zugeht. Es gibt unserem Leben Richtung. Wir kommen zu Dir und rufen:
Herr, erhöre uns.

Grenzen

Ein ökumenischer Familiengottesdienst

Symbol: Kirchenpässe

Anmerkungen zu Vorbereitung, Planung und Verlauf

In diesem Gottesdienst werden Ausweise ausgegeben, die die Besucherinnen und Besucher mit ihrem Namen unterschreiben und die mit den Kirchensiegeln der beiden Gemeinden gestempelt werden, die den Gottesdienst gemeinsam feiern. Den Ausweis fertigt man aus starkem Papier – schön wirkt sogenannte Elefantenhaut, die im Kopierladen erhältlich ist. Der Paß hat die Größe des alten Personalausweises (DIN A6 mittig gefaltet). Auf der Innenseite links wird der Leitvers des Gottesdienstes aufkopiert: „Freuet Euch aber, daß Eure Namen im Himmel aufgeschrieben sind!". Auf der Seite gegenüber befindet sich eine einfache Linie für die Unterschrift. Die Deckelseiten kann man mit einer Zeichnung – etwa die der beiden Kirchen– verzieren.

Verlaufsplan

Klärungen
Nachgedacht: Grenzen
Lied: Die güldne Sonne (EG 449, 1.2.4)
Im Widerspruch: Unbegrenzte Möglichkeiten – meine engen Grenzen
Lied: Meine engen Grenzen (EG 600)

Rede und Antwort
Im Wechsel gebetet: Der Abstand zwischen Gott und Mensch
Kontrolliert: Ihre Papiere bitte!

Teilhabe und Gemeinschaft
Zum Meditieren und Mitnehmen: Ausgabe der Ausweise
Erträumt: Das Land der unbegrenzten Möglichkeiten
Lied: Herr, gib mir Mut zum Brücken bauen (EG 669)

Rede und Antwort
Nachgefragt: Wie amtlich geht's im Jenseits zu?
Biblische Lesung aus Matthäus 15,21–28
Zwischenruf: Auch Jesus kannte Grenzen
Lied: Herr, Deine Liebe (663)

Zurück in den Alltag
Fürbittgebet
Vaterunser
Lied: Nun singe Lob, du Christenheit (EG 265)
Segen

Texte

Nachgedacht: Grenzen

Unsere Stadt liegt in einem Dreiländereck.
In fünf Kilometer Luftlinie verläuft die holländische Grenze.
Gleich weit entfernt in südlicher Richtung beginnt das Königreich Belgien.
Früher standen entlang der Grenzen Dutzende von Zollhäuschen. Wenn man nach Vaals oder Eynatten hinausfährt, stehen die Grenzstationen grau und leer. Niemand braucht sie noch. Wir leben mitten in einem geeinten Europa. Hier sind die Grenzen unbedeutend geworden.
An diesem Morgen überqueren wir eine Grenze ganz anderer Art: die zwischen zwei Kirchen. Vielen ist diese Art des Grenzübertritts vertraut. Aber bis vor wenigen Generationen war die Trennung zwischen den Konfessionen schier unüberwindlich. Einige der Älteren, die heute mit uns feiern, können noch von der weißen Markierung berichten, die den Schulhof, auf dem sie als Kind spielten, in evangelisch und katholisch teilte. Wie wertvoll ist die Freundschaft, wenn man sich vorher fremd war!
In diesem ökumenischen Gottesdienst feiern wir, was uns eint. Wir denken nicht über die Grenzen nach, die uns noch trennen könnten, sondern über die, vor denen wir gemeinsam stehen, an die wir alle kommen. Katholisch. Evangelisch. Christen. Menschen.

Dazu gehört eine Trennlinie, die wir jeden Morgen wieder überqueren: die Grenze zwischen Tag und Nacht.

Im Widerspruch:
Unbegrenzte Möglichkeiten – meine engen Grenzen

Wieviele Grenzen hat wohl diese Dose Ananas überquert?
Oder dieses Radio, made in Taiwan?
Oder die Blumen auf dem Altar?
Meine Schuhe?
Wir haben Teil an einem grenzenlosen Austausch von Waren und Informationen. Wer will, kann zwei Straßen weiter ins Internet-Café gehen und per Computer ein Schwätzchen anfangen. Mit einem Gesprächspartner aus Hongkong oder Buenos Aires.
Je unbedeutender die Grenzen auf dem Erdball werden, desto bedeutender werden offenbar die, die die Menschen um ihren kleinen Bereich ziehen:

Die Welt wird laut – ich sehne mich nach einem ungestörten Fleckchen. Die Welt wird schneller – ich brauche einen festen Punkt, Orientierung und Ruhe. Die neuen Technologien verbinden alles mit allem und jeden mit jedem – ich habe das Bedürfnis nach einer überschaubaren Gruppe von Bezugspersonen, denen ich mich zugehörig fühle. Die Globalisierung reißt Schranken nieder – ich möchte am liebsten Mauern bauen, die meine Intimsphäre schützen. Die neue Zeit bricht mit Tabus – ich brauche wieder Regeln, von denen ich weiß: Sie gelten in jedem Fall und an jedem Ort.

Meine engen Grenzen ... Manchmal kommt es mir vor, als wäre ich der Schnelligkeit und grenzenlosen Freiheit, die mir zur Verfügung steht, nicht gewachsen.

Gebetet: Der Abstand zwischen Gott und Mensch

Viele Verse in der Bibel erzählen von einer unüberwindlichen Grenze – der Grenze zwischen Mensch und Gott. Ebensoviele reden davon, wie dieser Abstand überwunden wird. Von beidem handelt die folgende Auswahl von Versen, die wir nun als Psalm gemeinsam im Wechsel beten.

Meine Gedanken sind nicht eure Gedanken, spricht Gott.
Meine Wege sind nicht eure Wege.
    Sondern soviel der Himmel höher ist als die Erde,
    sind meine Vorhaben höher als eure Pläne.
So wie der Horizont vor euren Blicken flieht,
wenn ihr euch nähert,
    so ist mit Händen nicht zu greifen,
    was ich tue und ersinne.
Wo ich wohne, dahin könnt ihr aus eigener Kraft nicht kommen.
Wohin ich gehe, könnt ihr mir nicht folgen.
    Freuet euch aber, daß eure Namen im Himmel geschrieben sind!
(nach Jesaja 54; Johannes 14; Lukas 10,20)

Kontrolliert: Ihre Papiere bitte

„Freuet euch, daß eure Namen im Himmel geschrieben sind."
Meine Name ist im Himmel aufgeschrieben. Das hört sich an wie die Garantie, daß ich dort im Himmel einmal Einlaß finde. Mein Name in

den himmlischen Registern – das ist sozusagen das Visum, das mir den Grenzübertritt ins gelobte Land ermöglicht. Wer die richtige Bescheinigung vorweisen kann, hat Zutritt.
Nur: Was zeige ich, wenn es heißt: Ihre Papiere bitte! Meinen Personalausweis? Meinen Reisepaß? Die Sterbeurkunde? Ich vermute, diese Bescheinigungen haben dann keine Bedeutung mehr. Was gelten könnte am Schlagbaum zum Jenseits, ist, wenn überhaupt, nur die Taufurkunde. Wer sich damit ausweisen kann, hat sozusagen eine Aufenthaltsgenehmigung für das Reich Gottes. Eine Heimat dort. Ein Bürgerrecht im Himmel, schreibt der Apostel Paulus.
Manche wissen, in welcher Schublade die Taufurkunde liegt. Manche wissen es nicht mehr. Einige haben vielleicht gar keine bekommen, weil sie zu einer Zeit oder in einem Land getauft wurden, wo die Zugehörigkeit zu einer Religion nicht erwünscht war.
Haben Sie die richtigen Papiere nicht beisammen?
Wir können das heute nachbescheinigen. Sicher ist sicher. Für ein paar Minuten funktionieren wir den Altar zur Paßstelle um. Ich halte das Kirchensiegel bereit. Gebühren erheben wir keine. Sie erhalten ein Dokument, das Sie vorweisen können. Darin fehlt nur der Name. Sie müssen es unterschreiben. Mit Ihrem Namen. Dem Namen, der im Himmel aufgeschrieben ist.

Zum Meditieren und Mitnehmen: Ausgabe der Ausweise

Kinder oder Jugendliche geben die vorbereiteten Ausweise am Altar aus. Nachdem die einzelnen Teilnehmer unterschrieben haben, werden die Ausweise gestempelt.

Erträumt: Das Land der unbegrenzten Möglichkeiten

Schlangestehen für die richtigen Unterlagen, für den alles entscheidenden Stempel. Für viele Menschen ist das kein Spiel. Für sie hat das Land der unbegrenzten Möglichkeiten schlicht den Namen Deutschland. Mir fallen Bilder von Menschen ein, die alles daransetzen, um hierher zu kommen und ein menschenwürdiges Leben führen zu können.
Ihre Namen stehen nicht in unseren Registern. In ihrem Paß – wenn sie überhaupt einen haben – ist der richtige Stempel nicht zu finden. Also werden sie an unseren Grenzen abgewiesen. Wir machen das Land dicht und schotten uns ab. Denn viele von uns sind überfordert mit den Fremden, die ihnen begegnen. Oft auch ich.
Vielleicht muß ich umdenken.

Unsere Namen sind aufgeschrieben im Himmel. Wir haben schon jetzt eine Heimat in dem Land, auf das wir zugehen und in das ich mich zuletzt hineinwünsche. Heimat im Reich Gottes.
Vielleicht hat das, was ich hier auf Erden meine Heimat nenne, doch nicht die große Bedeutung, die ich ihm beimesse. Und vielleicht werde ich einen Teil davon, mehr als bisher, abgeben und zur Verfügung stellen, so daß viele andere, die ihre Heimat verloren haben, bei uns eine neue finden.

Nachgefragt: Wie amtlich geht's im Jenseits zu?

Noch eine Frage: Kommen wirklich nur die in den Himmel, die an der Pforte den richtigen Stempel vorweisen können? Nur die, die getauft sind und das Richtige geglaubt haben? Gar nur die, die zu Lebzeiten auf die richtige Kirche gesetzt haben?
Jesus selbst hat diesbezüglich einen Vorfall erlebt, der ihn zum Nachdenken und zur Umkehr gebracht hat.

Zwischenruf: Auch Jesus kannte Grenzen

Auf viele Grenzen stößt man in diesen acht Versen des Matthäusevangeliums: Die Grenze zwischen Israel und dem Libanon – der Gegend zwischen Tyros und Sidon. Sie ist heute eine der am härtesten umkämpften Linien im Nahen Osten. Die Grenze zwischen Mann und Frau. Konnte ein Mann wie Jesus sich von einer Frau wie dieser belehren lassen? Die Grenze zwischen Volk Gottes und denen draußen. Erstaunlich, daß Jesus gerade auf dieser Grenze beharrt. Man stellt sich Jesus immer tolerant vor. Schafe nennt er die einen. Hunde die anderen. Haus Israel und Kinder Gottes die einen. Kanaanäer und *was es sonst noch so gibt*, die anderen. Jesus grenzt sich ab. Für *die da* bin ich nicht zuständig, erklärt er den Jüngern. Ich bin nur zu den Schafen des Hauses Israel gesandt. Die soll ich sammeln.
Als die Frau keine Ruhe gibt, fertigt er sie mit noch härteren Worten ab: Man nimmt den eigenen Kindern doch nicht die Nahrung weg und wirft sie vor die Hunde!
Hunde! Die Frau hätte allen Grund gehabt, ebenfalls mit einer Beschimpfung zu antworten. Keiner hätte ihr das übelgenommen. Nicht einmal Jesus. Das allerdings hätte die Fronten erst recht verhärtet und Mauern aufgebaut.

Die Frau will aber etwas von Jesus. Also akzeptiert sie in aller Ruhe, die Grenzen, die Jesus zieht. Sie übernimmt sogar sein Vokabular: „Hunde. Gut. Aber bekommen die Hunde nicht ab und an von den Resten, die vom Tisch ihres Herrn fallen? Du ziehst Grenzen, Herr. Zwischen Israel und Kanaan. Deinem Volk und uns Fremden. Herren und Hunden. Doch schau hin: Überall sind diese Grenzen durchlässig. Und immer wieder werden sie überwunden."

„Frau, dein Glaube ist groß. Dir geschehe, wie du willst."
Jetzt überspringt auch Jesus die Grenze. Er tut es nicht mit einer überschwenglichen Umarmung oder einem repräsentativen Händedruck. Eher mit einem trockenen Kompliment. „Dein Glaube ist groß." Jesus hält Distanz. Aber er hat dazugelernt. Die Hilfsbedürftigkeit und die Schlagfertigkeit der Frau haben ihn überzeugt.
Wo Menschen Hilfe suchen, Heilung und Heil erhoffen, da überquert die Barmherzigkeit Gottes sogar religiöse Grenzen. Deshalb kann ich es mir kaum vorstellen, daß am Eingang zum Reich Gottes einer steht, der die Papiere kontrolliert. Schon gar nicht ein Engel mit einem Flammenschwert, der alle zurückweist, die nicht den richtigen Stempel vorweisen. Oder den richtigen Glauben. Gott gibt keinen Menschen verloren, was auch immer er glaubt, woher auch immer er kommt. Was auch immer er mitbringt an Leichtigkeit oder Last.
Ob mit Stempel oder ohne: Gott weist niemanden ab an der Grenze. Der Schlagbaum öffnet sich. Im Land dahinter ist genügend Platz für alle.

Fürbittgebet

Herr unser Gott,
Deine Liebe reicht weiter, als wir uns vorstellen können.
Deine Barmherzigkeit springt über Mauern.
Sie findet auch uns. Wir kommen zu Dir, beten und bitten:
Herr, erhöre uns.

Herr, hilf uns, gegen Grenzen aufzubegehren.
Manches war schon immer so – und muß doch anders werden. Hilf uns, Grenzen zu überwinden zwischen hungrig und satt, arm und reich, fremd und vertraut, zwischen Glaube und Zweifel. Wir kommen zu Dir, beten und bitten:
Herr, erhöre uns.

Herr, lehre uns, Grenzen zu akzeptieren.
Unsere Pläne sind nie perfekt, kein Glück je komplett. Das, was wir wollen und erreichen, bleibt unvollständig. Bei Dir erst finden wir Leben in Fülle. Wir kommen zu Dir und bitten:
Herr, erhöre uns.

An vielen Grenzen herrscht Krieg. Oft hat er religiöse Gründe. Zwischen unseren Geschwistern in Nordirland. Zwischen Moslems und Christen auf dem Balkan und im Sudan. Zwischen Israelis und Arabern im heiligen Land. Im Kleinen und im Großen beten wir für Frieden, kommen zu Dir und bitten:
Herr, erhöre uns.

Wir bitten Dich für die Wanderer zwischen den Welten.
Für die, die ein Kind erwarten. Für die, die mit ihren Gedanken an einem Menschen hängen, von dem sie Abschied nehmen mußten. Für die, die Frieden aushandeln zwischen verfeindeten Parteien. Für Gäste und Asylsuchende, denen unsere Kultur fremd ist. Für die, die am Tag schlafen und in der Nacht arbeiten. Für die, die in einer Scheinwelt leben und in der Wirklichkeit nicht mehr zurechtkommen. Wir kommen zu Dir, beten und bitten:
Herr, erhöre uns.

Herr, wir bitten Dich für die Christen überall auf der Welt: daß sie erkennen, was sie eint. Daß sie zusammenwachsen. Daß ihre Versöhnung miteinander zum Zeichen wird dafür, daß Du Dich mit uns Menschen versöhnt hast. Wir kommen zu Dir, beten und bitten:
Herr, erhöre uns.

Der Weg, die Wahrheit und das Leben …

Gottesdienst für Jugendliche und Senioren

Symbol: Fußabdrücke

Anmerkungen zu Planung, Vorbereitung und Verlauf

Das Thema „Weg“ ist in seiner Variationsbreite unerschöpflich. Der folgende Entwurf beschränkt sich auf einen kleinen Ausschnitt der möglichen Bedeutungsebenen. Er läßt Raum, ihn durch eigene Einfälle zu ergänzen. Die Thematik spricht Menschen im Aufbruch an, die auf der Suche nach dem je eigenen Weg sind, der vor ihnen liegt. Doch ebenso diejenigen, die auf eine hinter ihnen liegende Wegstrecke zurückblicken.
Das **Symbol** sind aus buntem Tonpapier geschnittene Fußabdrücke (vergleiche Skizze auf S. 112).
Die Geschichte *Die dritte Straße* ist in Anlehnung an das Märchen *Die Straße, die nirgends hinführte* erzählt. In der ursprünglichen Fassung findet sie sich in dem Buch *Den eigenen Weg entdecken* von W. Longardt und K. Vopel (Patmos Verlag, Düsseldorf 1988).

Verlaufsplan

Klärungen
Gefragt: Wie seid Ihr hierher gekommen?
Kanon: Der Herr behüte … (EG 173)
Im Wechsel gebetet: Verse aus den Psalmen

Rede und Antwort
Gebetet und gesungen: Zeige uns den Weg
Lied: Zeige uns den Weg (Gotteslob 039)
Dem Weg Jesu folgen – Biblische Lesung aus dem Lukasevangelium
Nachgedacht: Wege ohne Ziel
Lied: Weiß ich den Weg auch nicht … (EG 650)

Teilhabe und Gemeinschaft
Zwischenruf: Ziel ohne Weg
Zum Meditieren und Mitnehmen: Verteilen der Fußabdrücke
Lied: Gottes Spuren (EG 648)

Zurück in den Alltag
Erzählt: Die dritte Straße
Lied: Vertraut den neuen Wegen (EG 395)
Fürbitten
Vaterunser
Segenslied: Bewahre uns, Gott (EG 171)

Texte

Gefragt: Wie seid Ihr hierhergekommen?

Das sind meine Schuhe *(hochhalten)*. Auf denen bin ich heute morgen hierhergekommen. Zu Fuß. Ich bin durch unser Gartentor gegangen, dann rechts, den Branderhofer Weg hinunter, durch Burtscheid hindurch, unter dem Viadukt, der riesigen, gemauerten Eisenbahnbrücke her, die Wilhelmstraße bis zum Kaiserplatz, dann links ab zum Martin-Luther-Haus.
Und Ihr?
Auf welchem Weg seid ihr gekommen? Wie habt Ihr ihn zurückgelegt? Wer ist wohl den weitesten Weg gegangen oder gefahren? *(Interview)*
„Der Herr behüte deinen Ausgang und Eingang". An dem Kanon, den wir jetzt singen, hat mich anfangs, als ich ihn lernte, etwas gewundert. Warum heißt es Ausgang und Eingang – in dieser Reihenfolge und nicht umgekehrt? Schließlich geht man doch zu Anfang irgendwo hinein, in ein Geschäft zum Beispiel. Oder in den Gottesdienst. Und am Ende wieder hinaus.
Der Psalmvers, an den sich der Kanon anlehnt (Ps. 121,8), hat es anders vor Augen: Früh am Morgen brechen die Menschen auf und gehen hinaus. Aus ihrem Haus, durch die Tore der Stadt. Über Tag gehen sie dort draußen ihrer Arbeit nach. Am Abend kehren sie wieder heim. Am Anfang der Aufbruch aus dem Vertrauten. Am Abend die Rückkehr, der Eingang. Dazwischen, über Tag, die Wege, die wir gehen.

Im Wechsel gebetet: Verse aus den Psalmen

Des Menschen Herz ersinnt sich einen Weg,
aber Gott allein lenkt seinen Tritt.
        Wohl dem, der wandelt auf dem Weg,
        den Gott ihm zeigt,
        und sich allein hält an seine Weisungen.
Denn Dein Wort, Herr, ist meines Fußes Leuchte
und ein Licht auf meinem Wege.
        Du verstehst meine Gedanken von Ferne,
        und alle meine Wege sind stets vor Dir.
Herr, lehre mich Deinen Willen,
weise mir Deinen Weg,
daß ich ihm folge bis ans Ende.

Prüfe mich, Herr. Erkenne, wie ich's meine.
Sieh, ob ich auf falschem Wege bin,
und leite mich auf ewigem Wege.
Ehre sei dem Vater und dem Sohn
und dem heiligen Geist,
wie es war im Anfang, jetzt und immerdar
und von Ewigkeit zu Ewigkeit.
Amen.

Gebetet und gesungen: Zeige uns den Weg

Wohl dem, der wandelt auf dem Weg, den Gott ihm zeigt.
Manchmal ist es gar nicht so leicht,
zu erkennen, in welche Richtung ich gehen soll.
Ich stehe vor einer Weggabelung und muß mich entscheiden
zwischen Neinsagen oder Nicken,
Reden und Schweigen,
Streiten und Verstummen.
Herr, zeige uns den Weg!

Lied: Zeige uns den Weg, Strophen 1 und 2

Wohl dem, der wandelt auf dem Weg, den Gott ihm zeigt.
Aber er ist nicht leicht auszumachen in den Widersprüchen,
in die wir verstrickt sind:
Ist es gerecht, Bomben zu werfen?
Ist es gerechter, zuzusehen und die Hände in Unschuld zu waschen?
Gibt es einen anderen Weg?
Hätte es einen gegeben?
Herr, zeige uns den Weg!

Lied: Zeige uns den Weg, Strophen 3 und 4

Weise mir, Herr, deinen Weg, daß ich ihm folge bis ans Ziel.
Der Weg zwischen Anfang und Ende ist lang.
Mal ist er mit Hindernissen gepflastert.
Mal ist er leicht und beschwingt zu gehen.
Mal liegt er breit und einladend vor mir.
Dann wieder verliert er sich unter meinen Füßen.
Welcher ist der nächste Schritt?
Herr, zeige uns den Weg!

Lied: Zeige uns den Weg, Strophen 5 und 1

Biblische Lesung aus dem Lukasevangelium

Zeige uns den Weg!
In Jesus hatten die Menschen seiner Zeit einen gefunden, der ihnen den Weg zeigte. Mehr noch: einen, der voranging. Doch gleichzeitig waren die Jüngerinnen und Jünger erschreckt darüber, was Jesus denen abverlangte, die ihm nachfolgten. Erschreckt darüber, an welches Ziel der Weg führte, den Jesus einschlug. Hört die biblische Lesung aus dem Lukasevangelium:

Als seine Zeit gekommen war, wandte Jesus sein Gesicht nach Jerusalem und machte sich auf den Weg. Da kam einer zu ihm und sagte: Ich will dir folgen, wohin immer du gehst.
Jesus sprach zu ihm: Die Füchse haben Gruben und die Vögel unter dem Himmel haben Nester, die Kinder dieser Welt haben ein Zuhause. Ich aber habe nichts, wohin ich mein Haupt lege.
Ein anderer kam und sprach: Herr, ich will dir nachfolgen, aber warte auf mich, denn ich will mich zuerst von Zuhause verabschieden.
Jesus aber sprach: Wer die Hand an den Pflug legt und zieht eine Furche durch den Acker, und sieht dabei nach hinten und nicht nach vorn, der ist auch nicht geschickt darin, die Botschaft vom Reich Gottes auszubreiten. Wer mir nachfolgen will, der vergesse sich selbst, nehme sein Kreuz auf sich und folge mir.

Nachgedacht: Wege ohne Ziel

Es gibt Wege, die führen an ein Ziel. Die Furche auf dem Feld zum Beispiel. Ziel ist das gegenüberliegende Ende des Ackers. Das gilt es in möglichst gerader Linie zu erreichen. Wenn es ein Ziel gibt, liegt der Weg meistens fest. Zumindest habe ich eine genaue Vorstellung davon, „wo es langgeht“.

Und es gibt Wege, da weiß ich das Ziel nicht. Die führen mich irgendwohin, wer weiß wohin, manchmal, wohin ich nicht will.
Das Leben selbst ist ein solcher Weg. Wir wissen zwar, wo wir herkommen. Wie wir geworden sind, was wir sind. Aber wer von uns weiß, wo er, wo sie auskommen wird? Natürlich habe ich einen Plan, wie mein Leben verlaufen soll. Aber weiß ich, wohin es mich verschlägt? Weiß ich, wo, wie mit wem und unter welchen Umständen ich mein Alter verbringen werde? Vielleicht erreiche ich es nicht einmal, das, was man das Alter nennt?

Wege, deren Ziel ich nicht kenne ...
Wie war das früher beim Spaziergang mit den Eltern?
Ich meine die Zeit, bevor wir bei jedem Schritt genörgelt haben, wie langweilig uns sei. Die Zeit, als wir noch begeistert vorausgelaufen sind und jeden Stein, jeden Baum und Strauch erkundet haben. Wenn wir an eine Abzweigung, eine Kreuzung gelangten, kam unweigerlich die Frage: Und jetzt? Wo geht es lang? Wir Kinder wußten es nicht. Aber ein Blick zurück genügte, ein Wink der Eltern, oft nur ein Blick mit den Augen in die richtige Richtung – und weiter ging's: Wir Kinder voraus, voller Stolz, daß wir den Weg alleine fanden. Die Eltern wachsam hinterher.
Wir Menschen voraus, voller Stolz, daß wir den Weg schon wissen. Gott wachsam auf unseren Fersen. So stellt es sich auch der Psalm 32 vor: Ich will dir den Weg zeigen, den du gehen sollst. Ich will dich mit meinen Augen leiten.

Zwischenruf: Ziel ohne Weg

Es gibt Wege, da kennen wir das Ziel nicht.
Das Leben selbst ist ein solcher Weg.
Und es gibt Ziele ohne Weg. Ein merkwürdiges Phänomen, das ungewohnt klingt.
Ziele ohne Weg ... Tatsächlich leben wir in einer Zeit, in der uns ungeheuer viele Ziele angeboten werden, ohne daß wir uns um den Weg dorthin mühen müßten.
Wenn ich nach Köln möchte, fahre ich einfach hin.
Früher war das eine aufwendige Reise.
Gut. Die Distanz zwischen Köln und Aachen ist die gleiche geblieben. Die Strecke ist gleich lang. Aber wir legen den Weg anders zurück. Vor zweihundert Jahren gingen die Menschen zu Fuß. Das wird im Normalfall drei Tage gedauert haben. Heute steigen wir in eine Blechkiste, die wir uns so behaglich eingerichtet haben wie das Wohnzimmer, schieben unsere persönliche Lieblingsmusik in den Kassettenschacht und machen es uns in den gepolsterten Sitzen bequem. Wir sind unterwegs – und doch in unseren eigenen vier Wänden. Nach einer Dreiviertelstunde steigen wir aus und sind am Ziel. Heute Köln, morgen Kairo oder Katmandu – wie lang war die Strecke, die wir zurückgelegt haben? Wir haben es gar nicht gemerkt.
Am Ziel ohne Weg. Ein anderes Beispiel:
Wenn vor 200 Jahren eine Familie gegründet wurde, brauchte sie einen Eßtisch. Der wurde gebaut aus dem Holz einer Eiche, die schon der

Großvater des Schreiners gefällt, zerlegt und präpariert hatte. Sechs bis acht Jahrzehnte – oft sogar jahrhundertelang – ließ man das Holz nach genauen Regeln lagern, bis es endlich reif war zur Bearbeitung.
Heute gilt es, den Produktionsablauf möglichst kurz zu halten und das Ziel – den fertigen Tisch – auf allerkürzestem Wege zu erreichen.

Je kürzer, desto lieber. Je schneller, desto besser. Früher war der Weg, das Unterwegs-Sein eine Daseinsform, ein Lebenszustand. Heute macht es uns mißmutig, lange unterwegs zu sein. Die Kinder – gefesselt an Sicherheitsgurte – quengeln schon nach einer Viertelstunde. Die Reisenden im Bahnabteil schauen aneinander vorbei und reden kein Wort miteinander. Hoffentlich bin ich bald da!
Wir leben in einem Zeitalter, das im Weg lediglich ein Hindernis sieht, um schnell von A nach B zu gelangen. „Ich weiß eine Abkürzung" – das ist der Satz, bei dem alle die Ohren spitzen. Wir verknappen unsere Wegstrecken, wo es nur möglich ist. Wir verneinen den Weg. Damit aber entwerten wir gleichzeitig das Ziel, entwerten das, was wir erreichen.
Städte, wo ich mit dem Auto war, vergesse ich.
Dörfer, durch die ich gewandert bin, vergesse ich nicht.
Zwischen meinem Lehnstuhl IKEA 149,90 DM und irgendeinem anderen von der gleichen Sorte ist für mich kein Unterschied. Er bedeutet mir nichts. Aber an dem zerzausten Sofa, das ich mit einem Studienkollegen in einer regnerischen Sperrmüllnacht fast zwei Kilometer geschleppt und tagelang per Heizgebläse getrocknet habe – daran hänge ich. Der lange Weg, bis es endlich einsatzbereit war, macht es mir bis heute wertvoll.

Jesus spricht: Ich bin der Weg.
Das kann unseren Blick schärfen: Wege zurücklegen, das ist eine fast verlorene, religiöse Dimension unseres Lebens.
Lange gehen, bis ich ankomme.
Lange sparen und mich freuen, bis ich etwas kaufe.
Lange lernen, bevor ich mich hervorwage.
Lange bitten, bis ich es bekomme.
Mich lange mühen, bis ich erreiche, was ich erstrebe.

Lange Wege gehen – das gibt unserem Leben eine beinahe vergessene, unvergleichliche Qualität. Denn der Weg, auf dem wir gehen, verbindet uns auf ganz ursprüngliche, elementare Weise mit dem, der sagt: Ich bin der Weg, die Wahrheit und das Leben.

Zum Meditieren und Mitnehmen: Verteilen der Fußabdrücke
Um daran zu erinnern, daß wir durchaus wieder mehr Fußspuren hinterlassen können auf den Wegen, die wir zurücklegen, und um an den zu erinnern, der in unserem Leben Fußspuren hinterläßt, möchten wir nun an Euch, an Sie alle etwas verteilen.

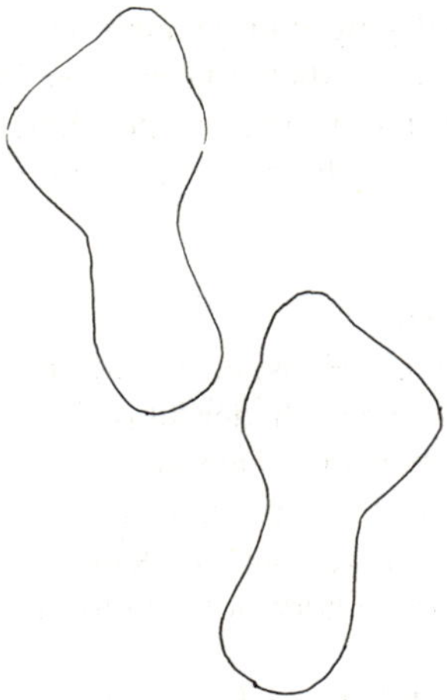

Erzählt: Die dritte Straße ...

Drei Straßen führten aus dem Dorf, in dem Matteo lebte: Eine zur Stadt, eine zum Meer, und die dritte ...
Wohin führt die dritte Straße? fragte Matteo seine Eltern.
Die führt nirgendwohin.
Das glaube ich nicht, dachte Matteo. Irgendjemand hat die Straße schließlich gebaut.
Wohin führt die dritte Straße? fragte Matteo seinen Lehrer.
Die führt nirgendwohin.
Das glaube ich nicht, sagte Matteo. Jede Straße führt irgendwohin.
Wohin führt die dritte Straße? fragte Matteo die Leute im Dorf.
Die führt nirgendwohin.
Das glaube ich nicht, sagte Matteo.
Wohin führt die dritte Straße?
Dann glaubst du es eben nicht, sagten die Leute.
Hör mit der Fragerei auf, sagten die Eltern.
Du bist ein richtiger Sturkopf, sagte der Lehrer.
Und so hatte Matteo seinen Spitznamen weg: Matteo, der Sturkopf.

Eines frühen Morgens beschloß er, es selbst herauszufinden, und wanderte auf der geheimnisvollen Straße zum Dorf hinaus. Anfangs kam ihm alles bekannt vor. Dann aber wurde die Straße steinig und unbequem. Der Boden war übersät mit Pfützen, in denen das Wasser stand. Der Pfad wurde schmal und schmaler, wurde schließlich zu einer lehmigen Spur, die man kaum noch ausmachen konnte. Rechts und links wuchsen hohe Hecken. Matteo ging und ging und gelangte in einen Wald. Kaum ein Sonnenstrahl drang durch das dichte Grün. Der Weg nahm kein Ende. Wie lange bin ich schon unterwegs? dachte Matteo und tastete sich mit den Füßen voran. Sicher ist es besser, umzukehren, bevor ich mich vollends verirre!

Da entdeckte er einen Hund.
Wo ein Hund ist, ist auch ein Haus, dachte Matteo. Oder wenigstens ein Mensch. Er schlich dem Hund nach; der führte ihn auf eine Lichtung. Und da, im Schein der untergehenden Sonne sah Matteo es: ein großes, prächtiges Schloß. Aus dem Turmfenster schaute eine wunderschöne Frau, und auf der Wiese davor spielten drei Dutzend Kinder.
Hallo, riefen sie, als sie ihn entdeckten. Hallo, Matteo Sturkopf, da bist du ja!
Oh, freute sich Matteo. Ich habe nicht gewußt, daß ich hierher gelangen würde. Aber ihr habt es gewußt.
Er aß mit ihnen im großen Saal zu Abend und blieb über Nacht.

Am nächsten Morgen führten ihn drei Kinder durch die Gemächer, während die übrigen auf der Wiese spielten. Im Schloß war alles aus Gold und Silber.
Steck dir nur in die Taschen, sagten die drei Kinder, du darfst mitnehmen, was du willst.
Das ließ sich Matteo nicht zweimal sagen. Als sie den Rundgang beendet hatten, waren seine Taschen prall und schwer.
Da faßte sich Matteo ein Herz und fragte: Darf ich wirklich mitnehmen, was ich will?
Aber ja doch, Matteo.
Dann möchte ich euch drei mitnehmen. Ich fühle mich zuhause im Dorf oft allein. Ich wünsche mir Spielkameraden.

Im Dörfchen wurde Matteo mit Verwunderung empfangen. Die Taschen voller Gold, und drei so reizende Kinder, die nun seine Freunde waren! Matteo beschenkte alle Leute aus dem Dorf reichlich und mußte sein Abenteuer wohl hundertmal erzählen. Jedesmal, wenn Matteo zu Ende

war, rannte jemand anderes nach Hause, holte das Pferd aus dem Stall und machte sich schnurstracks auf den Weg, um der geheimnisvollen Straße zu folgen.
Aber einer nach dem anderen kam mit langem Gesicht zurück. Für sie hatte die Straße mitten im tiefen Wald aufgehört, vor einer unüberwindlichen Mauer in einem Meer aus Dornen. Weder das Schloß war zum Vorschein gekommen, noch die spielenden Kinder, noch die schöne Frau, noch Gold oder Silber. Denn manche Schätze fallen nur demjenigen in den Schoß, der sich als erster aufmacht und einen neuen Weg einschlägt.

Fürbittgebet

Herr, unser Gott, Du hast versprochen, uns auf unseren Wegen zu begleiten. Wir kommen nun zu Dir, beten und bitten:
Herr, erhöre uns.

Wir bitten Dich für die Menschen, die sich verrannt haben. Die in die Irre gegangen sind und nun den mühsamen, schmerzhaften Rückweg vor sich haben. Zeig uns und zeig ihnen, daß in deinen Augen kein Weg je vergebens ist. Wir kommen zu Dir, beten und bitten:
Herr, erhöre uns.

Herr unser Gott, die Politiker und Militärs sind Schritt für Schritt in einen Krieg hineinmarschiert. Wir haben das hingenommen. Wir haben uns schuldig gemacht, so oder so. Hilf uns nun, den Rückweg zum Frieden zu finden. Wir kommen zu Dir, beten und bitten:
Herr, erhöre uns.

Wir bitten Dich für manches Mal, wo wir eine Strecke allein zurücklegen. Bitte mach uns offen für die Weggefährten, die Du uns schickst, daß wir nicht achtlos und mißmutig nebeneinander hergehen. Wir kommen zu Dir, beten und bitten:
Herr, erhöre uns.

Immer schön in der Balance bleiben
Familiengottesdienst mit Jugendlichen
Symbol: Mobile

Anmerkungen zu Planung, Vorbereitung und Verlauf

Der Gottesdienst eignet sich vom Thema her für alle, die nach innerem und äußeren Gleichgewicht suchen. Er wendet sich speziell an Konfirmanden und Jugendliche, in deren Persönlichkeit und Lebensumständen im Verlauf der Pubertät manches aus dem Lot gerät. Er setzt sich kritisch mit den Angeboten des New Age auseinander und zeigt, welche Bedeutung Kreuz und Auferstehung für die Selbstfindung von Jugendlichen haben können.
Die technische Vorbereitung des Gottesdienstes erfordert einigen Aufwand: Blickfang und greifbarer Anhaltspunkt in diesem Gottesdienst ist ein überdimensionales **Mobile**, das im Altarraum an einem Kartenständer hängt. Man kann es gemeinsam mit den Jugendlichen oder Konfirmanden aus Schnüren und 1 m langen Rundstäben (Durchmesser ca. 5 mm, Baumarkt) anfertigen. An diesem Mobile werden runde Scheiben (Durchmesser ca. 5 cm) aus verstärktem Papier befestigt, auf die die Jugendlichen ein – womöglich individuell verziertes – Kreuz aufgemalt haben. (Es empfiehlt sich, den Bau eines Mobiles an einem vorgefertigten Bausatz im Kleinen zu erproben.)

Verlaufsplan

Klärungen
Begrüßung
Morgenlied: EG 455
Einführung: Das Mobilé
Gebetet: Lachen und Weinen
Lied: Ich rede, wenn ich schweigen sollte ... (Singt und Dankt 714)

Rede und Antwort
Festgestellt: So empfindlich ist mein Gleichgewicht ...
Im Wechsel gebetet: Verse aus den Psalmen
Nachgedacht: Man müßte sein wie ein Mobilé
Biblische Lesung: Die Seligpreisungen (Matthäus 5,3–9)
Lied: Gottes Spuren (EG 648)
Sprechstück: Laufenlernen

Teilhabe und Gemeinschaft
Lied: Nun aufwärts froh den Blick gewandt (EG 394)
Zwischenruf: Kreuz und Versöhnung

Kanon: Hevenu schalom alejchem (EG 433)
Zum Meditieren und Mitnehmen: Auflösen des Mobiles

Zurück in den Alltag
Fürbittgebet
Vaterunser
Segen

Texte

Erklärt: Das Mobile

(Eine Jugendliche beschreibt kurz das Mobile, erklärt, wie es entstanden ist und funktioniert. Dann:)
Alles in der Balance halten – das ist eine große Kunst. Doch genau gesehen sind wir alle Tag für Tag mit dieser Kunst beschäftigt. Die Kinder, wenn sie Radfahren lernen oder auf dem Schulhof Kästchen spielen. Die Jugendlichen ihre Körperkräfte und ihre Selbstbeherrschung. Und die Erwachsenen – was die nicht alles in der Balance halten müssen: die Ernährung und das Bankkonto. Den Terminkalender und die Partnerschaft. Kopf und Bauch und und und.

Gebetet: Lachen und Weinen

Spr. 1: Herr – so vieles gibt es in unserem Leben in der Balance zu halten.
Spr. 2: Lachen und Weinen.
Geben und Nehmen.
Routine und Abenteuer.
Spr. 1: Phantasie und Gehorsam.
Radikalität und Kompromiß.
Arbeit und Ruhe.
Spr. 2: Nähe und Distanz.
Liebe und Streit.
Leben und Lebenlassen.
Spr. 1: Sich schonen – sich verbrauchen.
So vieles gibt es in der Balance zu halten.
Spr. 2: Herr, hilf das Rechte sagen.
Hilf uns, das Gute wagen.
Herr, hilf das Rechte tun.

Festgestellt: So empfindlich ist mein Gleichgewicht …

(Zwei Jugendliche kommen nach vorne und lösen aus dem Mobilé eine der Papierscheiben. Durch diese geringfügige Gewichtsverlagerung kommt das ganze Mobilé aus der Balance! Die Aktion ist anschaulich und eindrucksvoll. Sie sollte aber vorher geprobt werden – insbesondere, wie man das Mobilé sofort wieder ins Gleichgewicht bringen kann – am besten, indem man ein gleichschweres Stück Papier an der entsprechenden Stelle anbringt.)

So empfindlich ist ein Gleichgewicht. Nur an einer Stelle muß ich eine ganze Kleinigkeit wegnehmen oder dazutun – und mit einer unmerklichen Umgewichtung verändert sich das Ganze. Und wenn erst ein Teil aus der Balance ist, kommen sofort auch alle anderen ins Rutschen.
Nur ein kleines Wort – ahnungslos dahingesagt. Doch diese Bemerkung nagt an dem, der sie hört. Irgendwann gibt er eine Anspielung zurück, fein, aber stechend. Dann gibt ein Wort das andere, und schließlich gerät man in Streit. Der eine versteht nicht. Der andere will nicht verstehen. Der eine brüllt. Das Gegenüber liest in seiner Wut einen kräftigen Stock vom Boden auf. Der andere läuft davon und kehrt mit Verstärkung zurück. Der erste sucht sich auch Verbündete. Die eine Partei besorgt sich Waffen. Die andere hat sie schon und bald noch mehr. Wann fällt der erste Schuß? Bevor der Krieg ausbricht, verhandeln die Vernünftigen auf beiden Seiten. Sie einigen sich auf einen Waffenstillstand. Auf ein Gleichgewicht. Ein Gleichgewicht des Schreckens.
Ein unbedeutendes Wort stand am Anfang – und bringt alles aus dem Takt.
Wer kommt und bringt ins Lot, was bei uns Menschen aus dem Ruder läuft?

Im Wechsel gebetet: Verse aus den Psalmen

Gott, der Herr, ist erhaben und barmherzig.
Er hat den Erdkreis gegründet und gibt ihm Halt.
    Er gibt den Gestirnen ihre Bahn,
    daß sie nicht fallen.
Er stellt meine Füße auf weites Land
und gibt meinen Schritten Raum, daß meine Knöchel nicht wanken.
    Stärkt die müden Hände. Macht fest die schwachen Knie.
    Stützt, die gestrauchelt sind, richtet auf, die fallen.

Sagt den verzagten Herzen: Seid getrost.
Da ist Euer Gott, er kommt, Euch zu helfen.
    Dann werden die Augen der Blinden aufgetan
    und die Ohren der Tauben sich öffnen.
Die Lahmen werden aufstehen
und die Zunge der Stummen wird singen.
    Wasser werden in der Wüste hervorquellen
    und Ströme das vertrocknete Land durchfließen.
Der Herr hat es gesagt, es wird geschehen.
Denn er hat den Erdkreis gegründet
und gibt den Gestirnen Bahn, daß sie nicht fallen.
(nach Ps. 91,3;104,19;18,37; Jes. 35,3–7)

Nachgedacht: Man müßte sein wie ein Mobile

Man müßte sein wie ein Mobile:
Nach außen ruhig, gelassen. Nach innen lebendig, beweglich, im Einklang.
Einen bestimmten, exakt berechenbaren Raum ausfüllen mit gemächlich kreisenden Bewegungen. Nicht zuviel, nicht zuwenig.
In Ruhe. Ruhend in mir selbst.
In möglichst weniges eingreifen. Vieles lassen, wie es ist.
Ausgleich finden und ein ausgeglichenes Gemüt.
Dann käme auch um uns her nicht alles aus dem Gleichgewicht.
Keine Reibereien mehr. Kein übertriebener Konsum. Keine Umweltzerstörung.
Keine Mondflüge und keine Kriege mehr, ruhte der Mensch in sich selbst.
Die Bibel kennt diesen Zustand und nennt ihn: Selig.
Jesus weist einen Weg dorthin …

Sprechstück: Laufenlernen

Spr. 1: Den Körper fit und den Organismus in der Balance halten.
Spr. 2: Interessen diplomatisch austarieren.
Spr. 3: Ausgewogenheit in der Meinung finden.
Spr. 1: Am besten ist es, wenn sich Gegensätzliches die Waage hält.
Fest mit beiden Beinen im Leben stehen.
Spr. 2: Elastisch bleiben. So leicht darf einen nichts umhauen.
Spr. 3: Sich nicht aus dem Gleichgewicht bringen lassen …

Spr. 1: Man müßte so sein wie ein Mobile.
Oder wie Ying und Yang:
Gegensätze sauber getrennt – und doch ist alles in allem enthalten, durchdringt sich gegenseitig. Das Weiße findet sich im Schwarzen, das Schwarze ist der Kern des Weißen.

Spr. 2: Ying und Yang als Symbol eines zeitgenössischen Ideals. Die Balance. Das stabile Gleichgewicht als optimaler Zustand.

Spr. 3: Können Sie sich noch erinnern, wie Sie laufen gelernt haben?
Ich auch nicht. Aber vielleicht hatten sie in den letzten Monaten die Gelegenheit, aus der Nähe zu beobachten, wie das vor sich geht. So ein Steppke richtet sich erst mühsam auf. Steht dann schwankend auf seinen zwei Beinen. Genießt eine Weile konzentriert das Gefühl der Balance. Und rätselt dann: Wie komme ich vorwärts?
Der erste Schritt – und alle weiteren – ist nur möglich, wenn man den gerade mühsam erworbenen Stand aufgibt und sich eine Nuance nach vorne fallen läßt. Die stabile Senkrechte hat etwas Statisches, Ruhendes. Um voranzukommen, muß ich mich aus dem Gleichgewicht bringen oder bringen lassen.

Spr. 2: Möglicherweise will Gott uns ja durch die vielen kleinen und großen Ereignisse, die uns von den Füßen holen, produktiv aus dem Gleichgewicht bringen. Ich bekomme eine Krankheit, die einen schmerzhaften Rückzug auf mich selbst bedeutet. Sitzenbleiben. Schluß in der Freundschaft. Streß mit den Eltern. Ein Unfall, den ich nur als leere Schikane des Schicksals empfinden kann. Ein Verlust, den ich nicht begreife: Immer nehme ich mein Leben danach bewußter wahr. Ermesse den Wert der Zeit, die mir noch für andere, und die anderen noch für mich gegeben ist. Werde präziser in dem, was ich tue. Werde empfindsamer in dem, was ich leide. Arbeite langsamer. Verlasse mich weniger auf mich selbst. Gehe quasi einen Schritt zurück. Doch kommt es mir vor, als sei es der Schritt in die richtige Richtung.

Spr. 1: Immer schön in der Balance bleiben. Mag sein: Das ist wichtig.
Ebenso wichtig ist, daß ich es annehme, wenn Gott mich von Zeit zu Zeit aus der Balance bringt, damit Bewegung in mein Leben kommt, damit ich weitergehe und wachse.
Und wenn es mich so aus der Bahn wirft, daß ich mich selbst nicht mehr fangen kann, darf ich es machen, wie ein Kind, das laufen lernt: Nach der größeren Hand tasten und sie fassen.

Zwischenruf: Kreuz und Versöhnung

Ying und Yang als Symbol für ein modernes Ideal: Die Balance, die bewegte Harmonie. Zeigt das nicht, daß die fernöstlichen Religionen für uns heute Weisheit besitzen, die brauchbarer sind als die des Christentums?
Das Kreuz ist in der Tat kein Symbol der Symmetrie. Auch wenn in den Kirchen oft ein genau gezirkeltes, regelmäßiges und fein gearbeitetes Exemplar hängt. Das ursprüngliche Kreuz bestand aus zwei grob behauenen Balken, die so oder so zusammengehauen waren. Gerade genug, um daran zu sterben. Das Kreuz war auch niemals ein Symbol der Harmonie. Sondern vielmehr ein Symbol dafür, daß in dieser Welt so ziemlich alles aus dem Lot geraten ist: Die Menschheit bringt den zu Tode, der kommt, um sie zu erlösen.
Und doch: Das Zeichen der Christen ist ein Symbol für den Ausgleich. Für die Versöhnung zwischen Gott und den Menschen. Das Kreuz erinnert an ein tiefes Wissen: Niemals kann der Mensch in sich allein zur Ruhe kommen. Niemals findet er zum Frieden mit sich selbst und zur Harmonie mit der Welt ringsum, wenn er nicht zu dem zurückfindet, der ihn geschaffen hat. Das Gleichgewicht zwischen Geschöpf und Schöpfer ist der Anfang allen Friedens.
Dieser Friede hat nichts Statisches. Er ist keine verordnete Grabesruhe, in der alles in der optimalen Stellung erstarrt. Sondern er ist der Zustand, in dem alle Menschen in vollen Zügen leben und sich entfalten können, wie es ihnen entspricht – ohne daß einer den anderen stört, verdrängt, begrenzt. Dieser paradiesische Zustand trägt in der Sprache Jesu den Namen Schalom. Schalom, der alle Gegensätze zur Entfaltung bringt und doch vereint. Friede Gottes, der höher ist als all unser Vorstellungsvermögen.

Zum Meditieren und Mitnehmen: Auflösen des Mobiles

Nach dem Kanon beginnt ein technisch schwieriger Teil: Das Mobile muß aufgelöst werden, ohne daß es vorzeitig zusammenbricht. Dazu ist es hilfreich, wenn viele Hände es halten. Zwei Jugendliche schneiden Stück für Stück von den Fäden mit je einer Papierscheibe ab. Die Teilnehmer und Teilnehmerinnen werden eingeladen, nach vorne zu kommen, und jeweils ein Exemplar in Empfang zu nehmen. Möglich ist auch, daß Jugendliche sie durch die Reihen tragen, während die Gemeinde am Platz bleibt. Haben alle ein Kreuz erhalten, singt die Gemeinde noch einmal den Kanon.

Fürbittgebet

Spr. 1: Herr unser Gott,
jemand, der selbst auf der Waagschale steht,
kann den Frieden, der alles in der Waage hält, nicht schaffen.
Spr. 2: Daher kommen wir zu Dir und beten:
Herr, erhöre uns.

Spr. 1: Wir bitten Dich für alle, in deren Leben etwas aus der Balance geraten ist.
Für die, die krank sind.
Für die, denen keiner Arbeit gibt.
Für die, die sich selbst eine Last sind.
Spr. 2: Wir beten für sie und beten für uns:
Herr, erhöre uns.

Spr. 1: Wir bitten Dich für unsere gesamte Gesellschaft,
in der die Schere zwischen Arm und Reich,
schnell und langsam,
Erfolg und Scheitern
immer weiter auseinanderklafft.
Spr. 2: Wo ist der Dreh- und Angelpunkt,
an dem man ansetzen kann,
um ins Lot zu bringen,
was einzustürzen droht?
Wir kommen zu Dir und rufen:
Herr, erhöre uns.

Spr. 1: Wir bitten Dich für die Landstriche,
die dem Raubbau der menschlichen Unersättlichkeit zum Opfer fallen *(hier konkrete Fälle möglichst in der näheren Umgebung aufführen!)*.
Hilf uns, mit wenigem zufrieden zu sein,
damit wir unsere Lebensgrundlagen nicht vollends zerstören.
Spr. 2: Wir bitten Dich für die Gegenden, in denen die Umwelt noch intakt ist, daß wir die Natur dort genießen können, ohne sie zu verbrauchen.
Wir kommen zu Dir und rufen:
Herr, erhöre uns.

Spr. 1: Wir bitten Dich für die,
die ihren Platz gefunden haben und glücklich sind.
Die in Einklang mit sich selbst und Frieden mit ihren Mitmenschen leben.

Spr. 2: Zeig uns solche Menschen, daß wir von ihnen lernen.
Wir kommen zu Dir und rufen:
Herr, erhöre uns.

Das Mosaik des Reiches Gottes

Familiengottesdienst mit Erwachsenentaufe

Symbol: Tonscherben

Anmerkungen zu Planung, Vorbereitung und Verlauf

„Auch in meinem Leben ging manches zu Bruch: Trennungen nach langer Liebe, Abschiede nach langer Harmonie, Niederlagen und Demütigungen – noch lange nicht weggesteckt ...“ Wohl die meisten Menschen erleben ihre Persönlichkeit und Biographie als bruchstückhaft und auf schmerzhafte Weise unvollständig. Ebenso viele sind auf der Suche nach dem gelingenden Leben. Am **Symbol** der **Scherbe** werden diese Erfahrungen zur Sprache gebracht. Im Gegenüber dazu steht die Taufhandlung als Zeichen für die Zugehörigkeit zum Reich Gottes, in dem sich der gebrochene Mensch als heil erfahren darf.
Bunt glasierte Tonscherben zum Verteilen an die Teilnehmerinnen und Teilnehmer steuert der Töpferkreis der eigenen oder einer benachbarten Gemeinde bei. Vielleicht findet sich sogar ein in wenige Teile zerbrochenes Gefäß, an Hand dessen man die Geschichte „Das Loch im Krug“ anschaulich erzählen kann.
Den Kanon *Jeder Teil dieser Erde* kann man beim zweiten Singen umformulieren in *Jeder Mensch dieser Erde*.
Das Lied *Ich rede, wenn ich schweigen sollte* steht im alten rheinischen Beiheft zum EKG, Singt und dankt, Nr. 714. Man kann es notfalls durch einen Kyrie-Ruf (z.B. EG 178.10) ersetzen.

Verlaufsplan

Klärungen
Musik
Begrüßung
Lied: All Morgen ist ganz frisch und neu (EG 440)
Verletzt und kann selbst verletzen: Die Scherbe
Im Wechsel gebetet: aus Psalm 22 und 31
Gebet: Wir sind in uns selbst zerrissen.
Lied: Ich rede, wenn ich schweigen sollte

Taufe
Festgestellt: Mein Leben – ein Fragment
Neugeboren. Biblische Lesung nach Johannes 3
Glaubensbekenntnis
Taufe

Rede und Antwort
Lied: Es mag sein, daß alles fällt (EG 378)
Zwischenruf: Das Mosaik des Reiches Gottes
Kanon: Jeder Teil dieser Erde (EG 672)

Teilhabe und Gemeinschaft
Nachgefragt: Wirklich auch ich?
Erzählt: Das Loch im Krug
Zum Meditieren und Mitnehmen: Tonscherben
Kanon: Jeder Teil dieser Erde (EG 672)

Zurück in den Alltag
Fürbittgebet
Vaterunser
Segen
Musik

Texte

Verletzt und kann selbst verletzen: Die Scherbe

Eine Scherbe (*zeigen*).
Da war einmal etwas heil. Eine Tasse. Ein Teller. Eine Vase. Ein Krug. Da ist etwas zerbrochen. Ist nun spitz und scharf. Wurde verletzt und kann selbst verletzen. Man muß behutsam damit umgehen
Eine Scherbe: Auch in meinem Leben ging manches zu Bruch. Trennungen nach langer Liebe. Abschiede nach langer Harmonie. Niederlagen und Demütigungen, noch lange nicht weggesteckt. Streit und Zerwürfnisse nur mühsam gekittet. Die Zeit heilt Wunden, aber die Haut bekommt Narben. Leise Bitterkeit und alter Zorn, Sehnsucht und Wehmut, und die Erkenntnis, daß ich nicht alles haben kann. Sprünge, Verwerfungen und Risse in meinem Dasein.
Scherben.

Von einem, der buchstäblich spürt, wie sein Leben in Scherben zerspringt, sein Körper sich in Einzelteile auflöst, sprechen die beiden Psalmen, die Jesus am Kreuz gebetet hat:

Im Wechsel gebetet: Aus Psalm 22 und 31

Herr, auf Dich traue ich.
Laß mich nimmermehr zuschanden werden.
    Errette mich durch Deine Gerechtigkeit.
    Sei mir gnädig, denn mir ist Angst.
Mein Auge ist trübe geworden vor Gram,
matt meine Seele in meinem Leib.
    Ich bin ausgeschüttet wie Wasser.
    Alle meine Knochen haben sich von mir gelöst.
Das Herz in meinem Leibe ist zerschmolzen wie Wachs.
Meine Kraft ist verdorrt.
    Die Zunge klebt mir am Gaumen wie eine Scherbe.
    Ich spüre meine Knochen, als könne ich sie zählen.
Ich bin wie ein zerbrochenes Gefäß.
Ich aber, Herr, hoffe auf Dich und spreche:
    Du bist mein Gott.
    Meine Zeit steht in Deinen Händen.
In Deine Hände befehle ich meinen Geist.
Du hast mich erlöst, Du treuer Gott.
    Ehre sei dem Vater und dem Sohn
    und dem heiligen Geist,
wie es war im Anfang, jetzt und immerdar
und von Ewigkeit zu Ewigkeit. Amen.

Gebet: Wir sind in uns selbst zerrissen.

Herr, wir sind zerrissen in uns selbst.
Wir reden, wenn wir schweigen sollten.
Und wenn wir etwas sagen sollten, sind wir stumm.
Wir wollen einander in Liebe begegnen.
Doch reicht es oft nur für erschöpfte Gleichgültigkeit.
Wir wollen mit unseren Kindern spielen,
doch läßt uns die Arbeit nicht los.
Wir wollen Ruhe bewahren
und verfallen unablässig in Hast.
Wir sehnen uns nach Stille
und umgeben uns mit Lärm.
Wir sind zerrissen in uns selbst.
Wir reden, wenn wir schweigen sollten.
Und wenn wir etwas sagen sollten, sind wir stumm.

Festgestellt: Mein Leben – ein Fragment

Aus dem Tagebuch einer Naturwissenschaftlerin: „Mein Leben kommt mir manchmal vor wie ein unabgeschlossenes Experiment. Alles Wichtige mache ich zum ersten Mal: Beruf wählen, heiraten, Kinder erziehen, ein Haus bauen. Alles hat für den Ausgang des Experimentes entscheidende Bedeutung; immer wieder kommen in der Versuchsanordnung neue Faktoren dazu, obwohl das Experiment schon läuft.
Die Frage ist: Was liegt am Ende des Experiments vor? Was für ein Mensch werde ich durch diesen Versuch? Wozu mache ich meine Mitmenschen? Wozu sie mich? Werden meine Kinder mich verstehen und anerkennen, was ich für sie tue? Werde ich meinen Mann noch lieben und er mich? Werde ich gesund bleiben, wenn ich älter bin, und mich meines Lebens noch freuen? Ein Experiment ist das Ganze. Wenn es beendet ist, kann ich es auswerten, wie so viele Experimente zuvor. Doch dann ist mir die Auswertung zu nichts mehr nutze. Nichts von dem, was in meinem Leben entscheidend die Weichen gestellt hat ist, ist wiederholbar. Nichts ist korrigierbar. Nichts kann ich zum zweitenmal beginnen, um es dann ganz richtig zu machen. Alles,was ich unternehme, hat den Charakter eines unbeholfenen Versuchs, ist Stückwerk, nicht mehr."

Nur ein unabgeschlossenes Experiment, ein Bruchstück dessen, was wir sein könnten. Scherben.
Viele Menschen wollen sich damit nicht abfinden. Es ist nicht leicht, zu akzeptieren, daß das Leben, die eigene Biographie und Persönlichkeit etwas Vorläufiges, Unvollständiges bleibt. Noch nie waren so viele Menschen in therapeutischer Behandlung. Auf den Anzeigenseiten der einschlägigen Zeitschriften findet man immer häufiger Angebote: Ganzheitsseminare. Selbstfindungswochenenden. Seelen- und Persönlichkeitsprogramme.
Hinter all dem steckt eine Sehnsucht, die ich kenne. Auch ich möchte heil werden. Ganz. Ich möchte komplett zu mir selbst zurückfinden. Ich möchte das, was auseinander fällt, wieder übereins bringen und deckungsgleich werden mit mir selbst. Ich möchte zu einem unversehrten, ungetrübten Urzustand zurückfinden, einem Nullpunkt sozusagen, und von da aus alles richtig machen.
Auch die Bibel kennt diese Sehnsucht.
Sie spricht von einem solchen umfassenden Heilungsprozeß. Sie nennt ihn Wiedergeburt. Neues Leben. Von vorne anfangen, alles alte ablegen und ein neuer Mensch werden. Im dritten Kapitel des Johannesevangeliums kommt ein Mann zu Jesus und fragt danach.

Neugeboren: Biblische Lesung nach Johannes 3

Unter den Pharisäern gab es einen, der hieß Nikodemus, einer von den Oberen der Juden. Der kam zu Jesus bei Nacht, damit ihn keiner sah, und redete mit ihm. Er sagte: Meister, du bist ein Lehrer, den Gott gesandt hat, denn niemand kann solche Wunder vollbringen, wie du tust.
Jesus sah ihn an sagte: Du besuchst mich, um Gott auf die Spur zu kommen. Ich sage dir: Nur wenn jemand neu geboren wird, kann er das Reich Gottes erkennen und verstehen.
Darauf fragt Nikodemus: Wie kann ein Mensch geboren werden, wenn er alt ist? Kann er wieder in seiner Mutter Leib schlüpfen und noch einmal geboren werden?
Jesus antwortete: Nein. Neu geboren wird man nur aus Wasser und Geist. Anders kommt man nicht in das Reich Gottes. Was von seiner Mutter geboren wird, ist menschlich. Aber was vom Geist Gottes geboren wird, das ist geistlich und gehört zu Gott.
Nikodemus antwortete: Neugeboren aus Wasser und Geist – was ist damit gemeint?
Jesus sagte: So wie Mose einst in der Wüste die Schlange erhöht hat, um das Volk Israel zu heilen und zu retten, so wird der Menschensohn am Kreuz erhöht, damit alle, die an ihn glauben, zum ewigen Leben finden.
Danach ging Jesus mit seinen Jüngern in das Land Judäa, blieb dort eine Weile und taufte.

Zwischenruf: Das Mosaik des Reiches Gottes

Die Taufe ist das „Bad der Wiedergeburt“, in der ich das Alte ablege und ein neuer Mensch werde. Wird mit der Taufe wirklich alles anders? Kitten sich die Brüche in meiner Biographie, die Risse in meiner Persönlichkeit in dem Moment, wo ich mein Leben in Gottes Hand lege?
Eine Scherbe bleibt eine Scherbe, auch wenn man sie ins Wasser taucht. Und für sich gesehen bleibt mein Leben unvollständig.
Doch wir bleiben eben nicht für uns. Wenn ein Mensch getauft wird, gehört er von Stund’ an in eine Gemeinschaft. Er gehört untrennbar zur Kirche, zum Leib Christi. Orientierung und Ordnung, Zusammenhang und Sinn bekommen wir, viele einzelne Menschen von einem, vom Reich Gottes her.
Man kann sich das vorstellen wie ein Mosaik. Für sich genommen hat jede Scherbe ihre individuellen Brüche und scharfen Ränder. Aber wenn

jemand die Stelle weiß, an die sie gehört und sie mit anderen Scherben zusammenfügt, entsteht plötzlich etwas Neues, Vollständiges.
Nach diesem Prinzip funktioniert das Reich Gottes. Es hat für jeden von uns einen sinnvollen Platz. Auf keinen will Gott verzichten. Er nimmt uns an, fügt uns ein und braucht uns – nicht nur mit unseren Gaben und Fähigkeiten. Sondern ebenso mit unseren kaputten Stellen, unseren Verletzungen und Schwächen, Ecken und Kanten. In den Augen Gottes hat jeder von uns und jede einen unverwechselbaren Platz. Einen Platz, den nur er, nur sie ausfüllen kann.

Nachgefragt: Wirklich auch ich?

Wirklich auch ich?
Bin ich nicht zu kompliziert? Zu anspruchsvoll? Zu selbstbezogen, zu unbeherrscht, zu verletzend?
Ist für mich wirklich Platz in der menschlichen Gemeinschaft? Sind nicht gerade meine Ängste zu groß? Meine alten Geschichten zu belastend? Meine Rachegedanken zu schlimm? Ist nicht gerade mein Glaube zu klein? Meine Schuld unausweichlich? Muß ich nicht doch bestimmte Anteile in mir unterdrücken, mich anpassen und einpassen, um gemeinschaftsfähig zu werden?

Erzählt: Das Loch im Krug

Spr. 1: Autsch, sagt die Scherbe. Was war das jetzt?
Spr. 2: Ich weiß es auch nicht, antwortet eine Stimme neben ihr. Es ist noch eine Scherbe. Irgendwie sind wir hier gelandet.
Spr. 1: Und *wo* sind wir hier?
Spr. 2: Keine Ahnung. Wenn ich mich umschaue, sehe ich Sand und Steine. Und das dort könnte ein Brunnen sein.
Spr. 1: Und wo kommen wir her?
Spr. 2: Ich weiß es nicht! Aber schau mal, da liegen noch andere Scherben.
Spr. 1: Tatsächlich. Was machen die hier?
Spr. 2: Vielleicht gehören sie zu uns.
Spr. 1: Das glaube ich nicht. Schau nur, sie sind ganz blau und grün bemalt.
Spr. 2: Du bist auch blau.
Spr. 1: Und du bist grün.

Spr. 2: Ob wir doch zu ihnen gehören?

Spr. 1: Nein. Die sehen doch alle anders aus als wir. Schau dir nur das Wirrwarr an. Da paßt nichts zusammen.

Spr. 2: Und wenn jemand kommt und es zusammensetzt?

Spr. 1: Uns doch nicht. So spitz, kantig und scharf, wie wir sind, nimmt uns niemand in die Hand.

Spr. 2: Dann müssen wir uns abschleifen. Damit sich niemand schneidet, wenn er uns in die Finger nimmt.

Spr. 1: Und unsere Bemalung?

Spr. 1: Die waschen wir ab, wenn es regnet. Du wirst sehen: Wenn sich unsere scharfen Ränder erst einmal abgeschliffen haben und die Farbe ist verblaßt, dann sind wir brauchbar. Dann passen wir überall hin.

Spr. 3: Nach langer Zeit kommt eine alte Frau und setzt einen abgenutzten Tontopf auf den Brunnenrand.

Spr. 4: Sieh da, sieh da, lauter grüne Scherben. Und blaue sind auch dabei. Die gehören sicher zu einem alten Krug, der hier zu Bruch gegangen ist.

Spr. 3: Sie bückt sich und schaut genau hin.

Spr. 4: Was für ein prächtiges Grün. Was für ein tiefes Blau. Ein so schönes Gefäß habe ich mir schon immer gewünscht. Vielleicht gelingt es mir ja, die Scherben zusammenzusetzen.

Spr. 3: Sie schöpft ein wenig Wasser, läßt es in den Staub laufen und rührt eine Handvoll Mörtel an. Dann setzt sie sich in den Schatten und macht sich an die Arbeit. Sie kittet erst die großen Scherben. Schon kann man erkennen, wie der Krug einmal ausgesehen hat. Jetzt kommen die kleinen Scherben an die Reihe. Auch für sie findet die Frau die richtige Lücke. Doch als sie fertig ist und den Krug bewundern will, entdeckt sie ein großes Loch.

Spr. 4: Habe ich denn eine Scherbe übersehen?

Spr. 3: Sie sucht den Boden nach den fehlenden Stücken ab. Vergeblich. Nur neben dem Brunnenrand liegen noch zwei Scherben. Von der Größe her könnten sie passen. Aber sie sind bleich und blaß. Außerdem fehlen ihre Ecken und Kanten. Wenn man sie in das Loch einfügt, finden sie keinen Halt.

Spr. 4: Naja, sagt die Frau, solche Allerweltsscherben kann man immer brauchen. Sie schiebt sie in ihre Schürzentasche.

Spr. 3: Aber ist es nicht ein Jammer um den schönen Krug?

Zum Meditieren und Mitnehmen: Tonscherben

Es fehlt etwas.
Es fehlt etwas an der Gemeinschaft der Gläubigen in der Kirche. Es fehlt ein wichtiges Stück im Mosaik des Reiches Gottes, wenn es einen oder eine von uns nicht gibt. Wenn wir uns allzusehr abschleifen, uns zurücknehmen und verblassen, um es jemand anderem recht zu machen.
Gott will und braucht uns mit unseren Ecken und Kanten.
Zur Erinnerung daran haben wir für Sie eine Scherbe mitgebracht. Tonscherben in den unterschiedlichsten Farben und Formen. Suchen Sie sich die aus, von der Sie meinen, daß sie zu Ihnen paßt.
(Die Tonscherben werden an die Teilnehmerinnen und Teilnehmer verteilt.)

Fürbittgebet

Spr. 1: Blaue und Grüne,
mit Ecken und Kanten
Laute und Leise,
Wichtigtuer und Demütige:
Bei Dir, Herr, haben alle Menschen einen Platz.

Spr. 2: Gelbe und braune,
schwarze, Weiße und Rote.
Vor Dir, Herr, sind sie alle wertvoll, ohne Unterschied.

Spr. 1: Gläubige und Zweifler.
Langweiler und Schnelle,
Einfältige und Clevere,
Erfolgreiche und solche, die auf der Strecke bleiben,
mit allen Menschen hast Du etwas sinnvolles vor.

Spr. 2: Alte und Junge,
Reich und Arm,
Gebrochene und Unversehrte,
Verlorene und solche, die mitten im Leben stehen,
in Deinen Augen, Herr, wird jedes Leben komplett.

Spr. 1: Gleichmütige und Streitsüchtige,
Umgängliche und Egoisten,
Ehrliche und Zwielichtige,

Kaputte und solche, bei denen alles stimmt:
Unser Leben wird heil, wenn wir es in Deine Hände legen.

Spr. 2: Hilf mir, Herr, davon weiterzugeben:
Annehmen, wie Du mich annimmst,
verstehen, wie Du mich verstehst,
mitgehen, wie Du mit mir gehst,
anderen Raum lassen, wie Du mir Raum läßt,
damit Friede wird zwischen uns Menschen.

Amen.

Die Hungerharke

Abendmahlsgottesdienst mit Senioren zum Erntedankfest

Symbol: Brot

Anmerkungen zu Planung, Vorbereitung und Verlauf

Der Gottesdienst richtet sich an die ganze Gemeinde. Die erste Hälfte (Rede und Antwort) lebt jedoch von den Erinnerungen der Älteren. Das Erzählen von Erlebtem ist eine unkomplizierte Art und Weise, Senioren an der Vorbereitung eines Gottesdienstes zu beteiligen. Oft ist es hilfreich, das Gehörte niederzuschreiben. Gelingt das auf authentische Weise und ist das Schriftbild groß genug, sind die Senioren bereit, ihr Erlebnis im Gottesdienst vorzutragen.
Symbol der Feier ist ein runder **Laib Fladenbrot**, wie man ihn in türkischen Lebensmittelgeschäften erhält. Erwartet man viele Gäste, sollte man einen zweiten Laib bereithalten. Unmittelbar vor Beginn werden sie aufgebacken und bei der **Feier des Mahles** verteilt.

Verlaufsplan

Klärungen
Begrüßung
Lied: Auf, Seele, Gott zu loben (EG 690)
Einführung
Danket dem Herrn, denn er ist freundlich – Psalm im Wechsel

Rede und Antwort
Erinnert: Die Hungerharke
Kanon: Danket, danket dem Herrn (EG 336)
Erinnert: Das Wasser
Kanon: Danket, danket dem Herrn
Gebet
Früh gelernt: „Der hat aber mehr als ich“
Alle werden satt – biblische Lesung aus Matthäus 15,32–39
Zwischenruf: Friede unter den Menschen
Kanon: Danket, danket dem Herrn

Teilhabe und Gemeinschaft
Er gibt sich selbst zum Brot – Biblische Lesung nach Johannes 6
Lied: Er ist das Brot (EG 228)
Gebetet: Jesus, Brot des Lebens
Lied: Er ist das Brot
Einsetzungsworte
Vaterunser
Austeilung
Kanon: Danket, danket dem Herrn (EG 336)

Zurück in den Alltag
Schlußgebet
Segenslied (EG 170)
Segen

Texte

Danket dem Herrn, denn er ist freundlich – Psalm im Wechsel

Danket dem Herrn; denn er ist freundlich,
und seine Güte währt ewig.
    Der Speise gibt allem, was auf Erden lebt,
    denn seine Güte währt ewig.
Er tut Wunder, nur er allein,
denn seine Güte währt ewig.
    In seiner Weisheit hat er den Himmel gemacht,
    denn seine Güte währt ewig.
Das Land hat er ausgebreitet über den Wassern,
denn seine Güte währt ewig.
    Er hat die Sonne gemacht, den Tag zu regieren,
    denn seine Güte währt ewig.
Und den Mond und die Sterne, zu leuchten in der Nacht,
denn seine Güte währt ewig.
    Danket dem Herrn, er allein ist Gott,
    denn seine Güte währt ewig.
Seine Gnade bleibe bei uns
und seine Barmherzigkeit für und für.

(nach Psalm 118)

Erinnert: Die Hungerharke

Eine alte Frau erinnert sich:
Es war 1946, kurz nach dem Krieg.
Den Menschen ging es schlecht. Auch wir hatten kaum etwas zu Essen. Wenn die Bauern die Ernte eingebracht hatten und die Stoppeln aus dem Acker ragten, nahmen wir unsere Hungerharke, ein schmales, dreizinkiges Gerät, und suchten damit noch einmal die Furchen ab. Die Freude war groß, wenn beim Kratzen in der Erde noch einige vergessene Kartoffeln oder zu Boden gefallene Ähren auftauchten.

Einmal hatten wir besonderes Glück. Wir stießen mit der Harke auf ein Loch im Boden, und als wir es weiter aufbrachen, entdeckten wir das riesige Vorratslager eines Feldhamsters, der diesen Sommer fast einen halben Zentner Getreide beiseite geschafft hatte.
Obwohl das Leben damals knapp war, legten zum Erntedankfest alle soviel auf den Altar, wie sie übrig hatten. Die Gemeindeschwester verteilte das Gemüse, Obst und Kraut dann an die, die sich selbst nicht mehr helfen konnten.

Erinnert: Das Wasser

Im Januar 1945 waren in Kassel durch Bombenangriffe die Wasserleitungen und die Stromversorgung zerstört. Strom ersetzten wir notdürftig durch Holz, Kohle und einige wenige Kerzen, die uns noch geblieben waren. Das Wasser aber mußten wir aus einer Quelle vor der Stadt holen.
Es herrschte klirrender Frost. Meine Mutter und ich gingen vorsichtig auf dem steil abschüssigen Pfad. Eis bedeckte den Feldweg, und wir mußten einen Handwagen schieben. Darauf standen eine Menge Eimer und leere Schüsseln. Nach 20 Minuten Fußmarsch kamen wir zu einem kleinen Seitental, in dem eine spärliche Quelle sprudelte. Frierend und schweigend standen die Menschen und warteten. Endlich war die Reihe an uns. Langsam, ganz langsam lief das Halblitermaß voll mit trübem Wasser. Wir spürten die Ungeduld der Leute in unserem Rücken. Es dauerte lange, bis wir unsere Gefäße gefüllt hatten.
Durchgefroren machten wir uns auf den Rückweg. Nur das Rütteln und Schaukeln des Handwagens verhinderte, daß das Wasser noch auf dem Weg gefror. Zuhause mußten wir es auf dem kleinen Kohleherd abkochen. Damals ist mir klargeworden, wie wertvoll dieses einfachste unter allen Nahrungsmitteln ist, wie kostbar und wie wichtig.

Gebet

Spr. 1: Herr, unser Gott, wie wichtig das Brot ist, das wir täglich auf unseren Tischen vorfinden, merken wir erst, wenn es knapp wird.
Spr. 2: Wie wertvoll das Wasser ist, mit dem wir unseren Durst löschen, begreifen wir erst, wenn es verschmutzt aus dem Hahn kommt.
Spr. 1: Wie unentbehrlich die Liebe ist, die wir empfangen und schenken dürfen, wird uns erst bewußt, wenn sie uns fehlt.
Spr. 2: Wie kostbar die Zeit ist, die du uns füreinander gibst, erkennen wir erst, wenn wir sie nicht mehr haben.

Spr. 1: Herr, wenn uns der Überfluß die Sinne verklebt und der Luxus unser Herz betäubt, ...

Spr. 2: ... dann lehre uns doch, wieder über das Einfache zu staunen, das Elementare zu schätzen, das Unverfälschte zu genießen.
Amen.

Früh gelernt: „Der hat aber mehr als ich!"

Die biblische Geschichte, die wir nun hören, stammt auch aus einer Zeit, in der es ganz anders zuging als heute, stammt aus einem Land, in dem die Bauern einen großen Teil ihrer Ernte als Pacht an einen Großgrundbesitzer abgeben mußten. Damals hatten die Familien in der Regel fünf, acht oder sogar zehn Kinder. Viel zu essen gab es nicht. Morgens und abends einen Fladen Brot – so groß wie dieser hier *(zeigen)*. Das war alles.
Den ganzen Tag über – in der Schule, beim Spielen, bei der Arbeit – dachten die Kinder an diesen Fladen Brot, der abends mit den Geschwistern geteilt werden mußte. An guten Tagen sprach der Vater ein Gebet, und teilte den Fladen in Ruhe auf. Aber meist gab es in den Familien das allabendliche Gezeter: Jeder wollte sich ein möglichst großes Stück vom Brot sichern. Und alle wachten eifersüchtig darüber, daß der Nebenmann nicht zu viel bekam.
„Der hat aber mehr als ich", war der erste Satz, den die Kinder lernten. Sie mußten von klein auf begreifen: Wenn ich mir meinen Teil nicht sichere, dann nimmt ihn ein anderer, und ich komme zu kurz, denn es ist nicht genug für alle!

Solche Menschen waren es, Frauen, Männer, Kinder, die mit Jesus eine Geschichte erlebten, von der man sich heute noch erzählt.

Zwischenruf: Friede unter den Menschen

Jesus speist 5000 Menschen. Ich stelle mir vor, wie das zuging. Die ersten, die sich etwas vom Brot abbrachen, steckten es hastig in den Mund: Was ich im Magen habe, kann mir keiner wegnehmen. Die in den hinteren Reihen waren enttäuscht: Ich gehe mal wieder leer aus. Die kräftigsten drängten sich nach vorne und riefen: He, Ihr, nehmt nicht so viel. Wir sind auch hungrig!
Doch ganz allmählich breitete sich Ruhe aus. Die Leute staunten. Eben noch hatte es so ausgesehen, als ginge der Fladen Brot endgültig zur Nei-

ge, ohne daß sie an die Reihe gekommen wären. Nun aber war er bei ihnen angelangt, und es war noch immer satt und genug da. Und für den Nebenmann auch. Und für noch einen. Und noch einen. Schon längst riß keiner mehr dem anderen das Brot aus der Hand. Im Gegenteil, die Menschen begannen, sich um ihre Nebenesser zu kümmern: „Möchtest du auch noch etwas? Komm, ich breche dir etwas ab."
So breitete sich Ruhe aus.
In der Bibel wird es zwar nicht erwähnt, aber so oder ähnlich wird es gewesen sein: In irgendeiner Ecke fingen ein paar ganz Mutige an zu singen. Die meisten kannten das Lied, und wer es kannte, stimmte bald ein.

Er gibt sich selbst zum Brot – Biblische Lesung nach Johannes 6

Auch ich kenne die Angst, zu kurz zu kommen.
Auch ich habe mich daran gewöhnt, die Ellbogen zu gebrauchen, wenn ich das Gefühl habe, mir wird etwas vorenthalten. Ich kämpfe. Kämpfe um mehr. Um mehr Geld. Mehr Erfolg. Mehr Anerkennung. Mehr Einfluß. Mehr Ansehen. Mehr Macht. Mehr Liebe ...
Womit würde Jesus uns heute speisen?
Die Menschen damals erlebten es: Jesus macht alle satt. Er hat für alle reichlich. Wir müssen nicht um das kämpfen, was wir zum Leben brauchen. Es ist genug für alle da.

Da sprachen die Menschen zu ihm:
Herr, gib uns allewege solches Brot, damit wir davon leben.
Jesus aber sprach: Der Mensch lebt nicht von Brot allein.
Eure Väter haben in der Wüste das Manna gegessen
und sind gestorben. Wer aber glaubt, hat das ewige Leben.
Ich bin das Brot des Lebens.
Ich bin das lebendige Brot, das vom Himmel gekommen ist.
Wer von diesem Brot ißt, der wird leben in Ewigkeit.
Wenn das Weizenkorn nicht in die Erde fällt, bleibt es allein.
Aber wenn es in die Erde fällt und stirbt, bringt es viel Frucht.
So bin ich selbst das Brot
und werde mich geben zum Leben für die Welt.

(nach Johannes 6)

Gebetet: Jesus – Brot des Lebens

Jesus – Brot des Lebens.

Saat, Korn und Ähre, gewachsen und gereift.
Gepflügt. Geackert. Groß geworden seinem Volk
und allen Völkern dieser Erde.
Zu groß den Mächtigen und Herrn.

Jesus – Brot des Lebens.

Gemäht. Geschnitten.
Gesammelt und gesichtet.
Gesiebt. Getrennt die Spreu vom Weizen.
Gemahlen mit den Mahlsteinen der Macht.

Jesus – Brot des Lebens.

Gemischt mit gutem Korn und schlechtem.
Gemengt unter den Sauerteig des „Immerschon"
und „Wird-auch-bleiben-so".
Gemengt. Geknetet und gewalkt.

Jesus – Brot des Lebens.

Gebacken in der Glut des Leids.
Geglüht im Schmerz.
Vergangen endlich und erkaltet.
Herausgenommen und herab.
An kühler Stelle aufbewahrt.
Doch dann zerschnitten und zerteilt.
Lebendig ausgeteilt durch viele Münder
und in alle Welt.

Jesus – Brot des Lebens

Schlußgebet

Spr. 1: Danket dem Herrn, denn er ist freundlich.
Und seine Güte währet ewiglich.
Herr, unser Gott, Du bist zu uns gekommen in Brot und Wein. Du hast Dich unser angenommen und uns gesättigt an Leib und Seele.

Spr. 2: Wir bitten Dich nun für die, die hungern – sei Du auch ihnen Speise.
Bitten Dich für die Gefangenen – sei Du ihnen Freiheit und Phantasie.
Für die Kranken – sei Du die Kraft und die Heilung in ihrem Körper.
Für die Armen – sei Du ihr Reichtum und ihre Freude.
Für die Reichen – sei Du ihr Teil, auf daß sie mit Freuden teilen.

Spr. 1: Sie alle, von denen wir gesprochen haben, für die wir beten und an die wir denken, behalten wir in unseren Gedanken, wenn wir nun singen und um Deinen Segen bitten.

Die Kirche – eine Reibfläche

Gottesdienst zum Reformationsfest

Symbol: Kaminanzünder

Anmerkungen zu Planung, Vorbereitung und Verlauf

Was in der Kirche fehlt, könnte man kurz mit **Feuer** umschreiben: Feuer des Geistes, der Begeisterung, der ansteckenden, zündenden Idee, die Helligkeit der weithin sichtbaren Flamme.
Feuer ist das Symbol dieses Gottesdienstes: Zu Beginn erhalten die Teilnehmerinnen und Teilnehmer ein Streichholz, das sie im Verlauf der Feier an einander anzünden *(Aktion: Entzünden der Streichhölzer)*. Zum Meditieren und Mitnehmen werden **Kaminanzünder** an die Gemeinde verteilt: überdimensionale Streichhölzer, die man im entsprechend sortierten Baumarkt erhält. Nehmen am Gottesdienst viele Kinder teil, trifft man für den Umgang mit Streichhölzern und offener Flamme entsprechende Vorsichtsmaßnahmen.

Verlaufsplan

Klärungen
Begrüßt: Die Kirche, von der ich träume
Lied: Ein feste Burg (EG 362)
Gefragt: Wozu ist die Kirche da?
Im Wechsel gebetet: Psalm 24 (EG 711.1)
Neun Sünden der Kirche – eine Kyrielitanei
Lied: Sonne der Gerechtigkeit (EG 262)

Rede und Antwort
Vom Feuer, das nicht verlöscht. Biblische Lesung nach 2. Mose 3
Apostolisches Glaubensbekenntnis
Lied: Alles muß klein beginnen (Strophen 1 und 2)
Zwischenruf: Die Kirche – eine Reibfläche

Teilhabe und Gemeinschaft
Aktion: Entzünden der Streichhölzer.
Lied: Alles muß klein beginnen (Strophen1–3)
Nachgedacht: Wer sich reibt, braucht Energie
Zum Meditieren und Mitnehmen: Kaminanzünder verteilen

Zurück in den Alltag
Lied: O komm, du Geist der Wahrheit (EG 136; vgl. Textvorschlag am Ende)
Fürbittgebet
Vaterunser
Segen

Begrüßt: Die Kirche, von der ich träume

Spr. 1: Die Kirche, von der ich träume
- gibt allen Menschen ein Zuhause;
- teilt mit den Armen und ergreift Partei für die Unterdrückten;
- ist eine Kirche der Tat.

Spr. 2: Die Kirche, von der ich träume,
- ist eine Kirche der Kontemplation, in der das Gespräch mit Gott gepflegt wird;
- ist eine Institution der verbindlichen Werte;
- wird jedem einzelnen gerecht, wie er ist.

Spr. 3: Die Kirche, von der ich träume
- bezeugt Gottes Liebe und trägt Gottes Wort in die Welt;
- tritt für Gerechtigkeit und die Bewahrung der Schöpfung ein;
- hilft den Bedürftigen, tröstet die Trauernden, macht die Hungernden satt.

Spr. 1: Die Kirche, von der ich träume, ist eine weltumspannende Gemeinschaft, in der sich die Menschen verstehen, einander beistehen und alle gleich viel Wert sind.

Gefragt: Wozu ist die Kirche da?

Ein feste Burg ist unser Gott – dieses Lied ist ein Symbol für das Lebenswerk Martin Luthers, nämlich die Erneuerung der Kirche. Ebenso berühmt sind seine 95 Thesen, die er vor 483 Jahren geschrieben auf einem großen Stück Pergament an die Tür zur Schloßkirche in Wittenberg genagelt hat.
Man sagt heute: Mit den 95 Thesen begann die Reformation. Reformation, das heißt: Erneuerung. Eine völlige Umgestaltung der Kirche an Haupt und Gliedern – das war es, was Martin Luther mit seinen Thesen, Schriften, Aufrufen und theologischen Abhandlungen erreichen wollte. Entstanden ist daraus eine neue Kirche, die evangelische, die protestantische Kirche. Zu dieser Kirche gehören wir.
Der Sonntag heute erinnert an Martin Luther und die Zeit der Reformation. Aber wir feiern heute nicht nur die glorreiche Vergangenheit. Wir denken auch über die Zukunft der Kirche nach: Wie muß sie sich in Zukunft reformieren? Wie muß sie sich wandeln? Wozu ist die Kirche da?

Neun Sünden der Kirche – eine Kyrielitanei

Spr. 1: Kirchenordnung,
Kirchenleitung,
Kirchenräte.
Spr. 2: Herr, erbarme Dich.

Spr. 1: Leere Kirchen,
hohe Kanzeln,
müde Pfarrer.
Spr. 2: Herr, erbarme Dich.

Spr. 1: Kirchenfürsten,
Kirchensteuer,
Kirchenaustritt.
Spr. 2: Herr, erbarme Dich.

Vom Feuer, das nicht verlöscht. Biblische Lesung nach 2. Mose 3

Einst hütete Mose die Schafe Jitros, seines Schwiegervaters, der war Priester in Midian. Weil das Land trocken war, trieb er die Schafe über die Steppe hinaus und kam an den Berg Gottes, den Horeb. Da erschien ihm ein Engel Gottes in einer feurigen Flamme aus einem Dornbusch. Erst erkannte Mose den Engel nicht. Er sah, daß der Busch im Feuer lichterloh brannte und doch nicht verzehrt wurde. Er dachte: Ich will hingehen und diese wundersame Erscheinung besehen. Warum verbrennt der Busch nicht? Er faßte sich ein Herz und trat herzu.
Als aber Gott sah, daß er aus Neugier näherkam, rief er ihm aus dem Busch zu: Mose! Mose!
Mose antwortete: Hier bin ich.
Gott sprach: Komm nicht näher. Zieh die Schuhe von deinen Füßen; sieh dich vor. Denn der Ort, auf dem du stehst, ist heiliges Land! Ich, der zu dir spricht, bin der Gott deines Vaters, der Gott Abrahams, der Gott Isaaks und der Gott Jakobs.
Da sprach Mose bei sich: Der Geist Gottes hat seinen Feueratem in den Dornbusch geblasen. Und er verhüllte sein Angesicht, denn er fürchtete sich, Gott anzuschauen.

Text und Musik: © Gerhard Schöne
aus: Lieder zum Kirchentag 1987

2. Schau, die feine Quelle zwischen Moos und Stein
sammelt sich im Tale, um ein Bach zu sein.
Wird zum Fluß anschwellen, fließt zur Ostsee hin,
braust dort ganz gewaltig, singt das Fischlein drin:
Refr.: Alles muß klein beginnen ...

3. Schau, die leichte Flocke, wie sie tanzt und fliegt
bis zu einem Ästchen, das unterm Schnee sich biegt.
Landet da die Flocke, und durch ihr Gewicht
bricht der Ast herunter, und der Rabe spricht:
Refr.: Alles muß klein beginnen ...

4. Manchmal denk ich traurig: „Ich bin viel zu klein!
Kann ja doch nichts machen!" Und dann fällt mir ein:
Erst einmal beginnen. Hab ich das geschafft,
nur nicht mutlos werden, dann wächst auch die Kraft.
Und dann seh ich staunend: Ich bin nicht allein.
Viele Kleine, Schwache stimmen mit mir ein:
Refr.: Alles muß klein beginnen ...

Alternativer Textvorschlag:
Schau nur dieses Zündholz, fast sieht man es nicht,
gleicht bald einem Grashalm, wirft ein kleines Licht.
Doch aus vielen Lichtern hell die Flamme brennt.
Singen wir voll Freude, was schon jeder kennt:
Refr.: Alles muß klein beginnen ...

Text und Musik: Gerhard Schöne. Rechte beim Autor. Der alternative Textvorschlag stammt vom Autor des Buches und wurde als dritte Strophe im Gottesdienst verwendet.

Zwischenruf: Die Kirche – eine Reibfläche

Alles muß klein beginnen – und endlich wird es groß ...
Bei der Kirche, so scheint es – ist es umgekehrt.
Die Kirche hat die Zeiten der Größe und der größten Bedeutung *hinter* sich. Von nun an wird sie kleiner.
Übrigens geht das nicht nur der Kirche so.

Viele althergebrachte Institutionen und Traditionen sind schon des längeren auf dem Rückzug. Gewerkschaften und politische Parteien beklagen den stetigen Mitgliederschwund. Sportvereine finden kaum noch jemanden, der bereit ist, ein Ehrenamt zu übernehmen. Und die ehrwürdige Automarke mit dem Stern verzeichnet seit 20 Jahren einen immer geringeren Marktanteil.
Natürlich ist in den Konzern- und Vereinsspitzen die Diskussion entbrannt: Was müssen wir anders machen? Müssen wir uns modernisieren? Müssen wir unsere Produkte besser verkaufen? Müssen wir uns reformieren?
Das Schwierige ist: Wer um neue Kunden mit einem Produkt im modernen Design wirbt, der verprellt womöglich die alten. Wer dagegen nur auf Tradition und Bewährtem beharrt, der ist in zehn Jahren out.
In einer solchen Situation kann man nur Fehler machen.
Auch die Kirche.
Nur: Die *darf* keine Fehler machen.
Sie soll die Gemeinschaft der Heiligen verkörpern.
Und das bedeutet: Sie ist rein. Sie hat fehlerlos zu sein. Eben heilig.
Sie muß alles können, alles schaffen.
Was das ist, haben wir uns zu Beginn des Gottesdienstes in der Begrüßung vergegenwärtigt: Die Kirche soll ein Ort der Besinnung sein, der Wortverkündigung.
Eine Kirche, die zuhört und tröstet,
eine Kirche, die missioniert,
eine Kirche, die hilft und für andere da ist,
eine Kirche, die teilt und den Armen Brot gibt,
eine Kirche, die Frieden schafft.
Wenn die Kirche auf einem dieser Gebiete versagt, wird das von ihren Mitgliedern und Nichtmitgliedern schmerzlich vermißt. Denn dann ist die Kirche nicht mehr umfassend, nicht mehr vollständig, nicht mehr fehlerfrei.

Wozu ist die Kirche da?
Sie soll bitte schön heilig sein!
Es kommt mir vor, als wäre die Kirche, die wir in unserem Bekenntnis die Gemeinschaft der Heiligen genannt haben, eine Reibfläche, die Fläche, an der sich Christen und Nichtchristen mit ihren Ansprüchen, ihren moralischen Vorstellungen, ihrem Glauben und ihren Anfragen reiben. Oft besteht dieses sich Reiben nur aus Beschwerden, bei denen man sich den Kopf heiß redet. Aber manchmal springt dabei ein Funke über, ein Gedanke, eine Idee, ein Plan, der zündet und schließlich vieles verändert und verbessert.

Die Kirche ist dazu da, daß man sich an ihr reibt. Das muß sie aushalten. An Jesus haben sich die Menschen auch reiben dürfen. Leuchten aber kann die Kirche nur so hell, wie die Menschen, die sich an ihr entzünden lassen. Wärme verbreiten kann sie nur soviel, wie sie und ich das tun. Sie kann nur so engagiert sein wie wir selbst. So überzeugend, so tröstend, so hilfsbereit, so ansteckend, wie *wir* es sind.
So gesehen ist die weit verbreitete Bereitschaft, sich an der Kirche zu reiben, eine große Chance. *(Der Sprecher entzündet für alle sichtbar ein Streichholz.)* Die Chance nämlich, daß hin und wieder etwas zündet, Neues entsteht, das viele aufs neue ansteckt. *(Der Sprecher entzündet mit dem brennenden Streichholz eine Kerze, die nun in Umlauf gesetzt wird. Die Teilnehmerinnen und Teilnehmer entzünden an dieser Kerze oder am Streichholz des Nachbarn das zu Beginn des Gottesdienstes erhaltene Streichholz.)*

Nachgedacht: Wer sich reibt, braucht Energie

Wer sich reibt, braucht Energie. Wer sich entzünden läßt, setzt noch vielmehr Energie frei. Er wirft Licht. Aber er verzehrt sich auch. Verzehrt sich möglicherweise allzuschnell!

Was ist, wenn ich bei meinem Engagement für andere viel zu viel Kraft verbrauche? Mich verausgabe, mich verschleiße? Am Ende bin ich ausgebrannt. Wer hilft dann mir?
Andererseits traue ich mir oft wenig zu – und merke dann: Meine Energie reicht weiter, als ich gedacht hatte. Ich befürchte, mich zu erschöpfen und staune dann: Ich habe mehr Substanz, als ich erwartet hatte.
Insofern war das kleine Streichholz ein viel zu knappes Beispiel: Kaum entzündet, ist es schon abgebrannt. Aber nur keine Angst davor, sich entflammen zu lassen.
(Der Sprecher entzündet einen Kaminanzünder)
Wer sich auf eine Aufgabe einläßt, wer Feuer und Flamme ist für eine Sache, der kann es erleben: Mein Licht brennt zwar nicht so sprühend wie zu Beginn. Aber es brennt stetig.
Brennt und brennt und brennt. *(Zeigen)*
Woraus speist es sich? Woher kommt meine Kraft? Auf den ersten Blick scheint sie von innen zu kommen, aus mir selbst.
Schaue ich genauer hin, gehe sozusagen näher heran, wie Mose an den Dornbusch, dann entdecke ich, daß es Gott ist, der die Flamme hellmacht. Er versorgt mein Licht. Und nur wenn ich mich entzünden lasse, wird die

Kraft, die Gott mir schenkt, frei. Wenn ich bereit bin, mich zu verzehren um einer Sache willen, um eines Menschen willen, um Gottes willen, dann kommt seine Kraft in mir zum Ziel.

Zum Meditieren und Mitnehmen: Verteilen der Kaminanzünder
(Die Kaminanzünder werden an die Teilnehmerinnen und Teilnehmer verteilt.)

Fürbittgebet

Herr, unser Gott, Du hast versprochen,
in Deiner Kirche gegenwärtig zu bleiben.
Du hörst, wenn wir zu Dir rufen.
Daher kommen wir nun zu Dir und bitten:
Herr, erhöre uns.

Wir bitten Dich für die Menschen, die sich in der Kirche engagieren:
Mitarbeiterinnen und Mitarbeiter,
Presbyterinnen und Presbyter,
Ehrenamtliche und Hauptamtliche.
Hilf uns, die Kirche so umzubauen, daß sie schon durch ihre Lebensform und ihr äußeres Erscheinen Deine Liebe bezeugt. Wir bitten Dich:
Herr, erhöre uns.

Wir bitten Dich um Phantasie und zündende Ideen: Im Beruf, in der Ehe, in unseren Freundschaften und in der Kirche. Wir bitten Dich um Geduld, Neues zu pflanzen, zu pflegen und wachsen zu lassen. Denn alles muß klein beginnen.
Wir kommen zu Dir und rufen:
Herr, erhöre uns.

Wir bitten Dich für die Menschen, die sich von der Kirche abgewandt haben.
Zeig Dich ihnen, daß sie Dir auch anderswo begegnen,
daß sie erkennen, wie barmherzig Du bist.
Leite uns auf Wegen, die zusammenführen.
Wir bitten Dich: Erhöre uns.

Wir bitten Dich für die Generationen, die nach uns kommen,
und in den Häusern leben müssen, die wir heute bauen.
Wir bitten Dich für die, die vor uns waren,
daß wir nicht geringschätzig auf ihre Fehler schauen.
Du bist A und O, Anfang und Ende,
Du erneuerst und führst zum Ziel, was immer wir beginnen.
Amen.

Textvorschlag zum Lied: „O komm, du Geist der Wahrheit“

O Du, den unser größter Regent uns zugesagt:
komm zu uns, werter Tröster, und mach uns unverzagt.
Gib uns in dieser kalten und glaubensarmen Zeit
das helle leuchtend Feuer der ersten Christenheit.

Ach, Herr, wir selbst verzehren die eigne Flamm im Nu;
Uns stärken und erhalten, das kannst alleine Du.
O öffne Du die Herzen der Welt und uns den Mund,
daß wir in Freud und Schmerzen Dein Wort ihr machen kund.

Ulrich Haag

Wenn Steine sprechen

Gemeindegottesdienste mit Symbolen

PATMOS

Bereits erschienen: Ulrich Haag, Wenn Steine sprechen. Gemeindegottesdienste mit Symbolen, 160 Seiten, Broschur, 2. Auflage 1999

ISBN 3-491-70300-X